鹳雀楼

[华历史文化名楼]

张雁萍　张立强　编著

文物出版社

图书在版编目（CIP）数据

鹳雀楼 / 张雁萍，张立强编著. —北京：文物出版社，2012.9 （2018.12重印）

（中华历史文化名楼）

ISBN 978-7-5010-3545-8

Ⅰ.①鹳… Ⅱ.①张…②张… Ⅲ.①楼阁—名胜古迹—介绍—永济市 Ⅳ.①K928.74

中国版本图书馆CIP数据核字（2012）第213353号

中华历史文化名楼

鹳雀楼

编　　著：张雁萍　张立强

责任编辑：张冬妮　陈　婧

重印编辑：李　睿

责任印制：陈　杰

封面设计：薛　宇

出版发行：文物出版社

社　　址：北京市东直门内北小街2号楼

邮　　编：100007

网　　址：http://www.wenwu.com

邮　　箱：web@wenwu.com

经　　销：新华书店

印　　刷：文物出版社印刷厂

开　　本：787×1092　1/16

印　　张：10.5

版　　次：2012年9月第1版

印　　次：2018年12月第2次印刷

书　　号：ISBN 978-7-5010-3545-8

定　　价：45.00元

《中华历史文化名楼》丛书编辑委员会

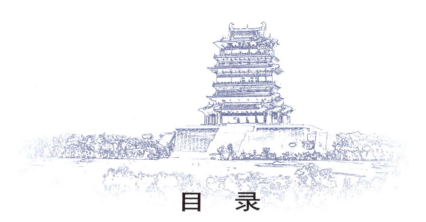

目　录

鹳雀楼，又名鹳鹊楼，古时因时有鹳雀栖其上而得名。其故址在山西省永济市古蒲州城外西南的黄河岸边。由于楼体壮观，结构奇特，气势雄伟，历代文人雅士多来登楼观瞻、放歌抒怀，留下许多诗篇。唐代诗人王之涣登楼时写下"白日依山尽，黄河入海流。欲穷千里目，更上一层楼"。诗因楼作，楼因诗名。鹳雀楼也因王之涣这首催人奋发向上、激励民族振兴的千古绝唱而名留千古。改革开放以来，随着经济的发展和文化建设的需要，重修鹳雀楼的呼声日益强烈。终于，在海内外的热切关注下，自元初毁灭700余年后，永济市于1997年12月在黄河岸畔破土动工，拉开了鹳雀楼复建工程的序幕。如今，鹳雀楼又以气势恢弘的面貌展现于世人面前。楼内的陈列，以华夏根祖文化为主题，反映中华民族的悠久历史。通过各种丰富的历史文物和表现手法，显示古河东深厚的文化积淀和黄河文化的精髓，让人们切身地感受到山西深厚的历史文化，了解山西在中国历史长河里的发展和贡献。

前　言

　　黄河是中华民族的摇篮。永济市位于山西省西南晋、秦、豫交汇的黄河金三角地域的中心，自古就是一块风水宝地。

　　这里是华夏之根，尧舜帝都。远在中华文明曙光初现时，五帝唐尧、虞舜就在此建都，为国奠基，开创了中华民族的睿哲文明和灿烂文化。

　　这里是大唐蒲州，盛世中都。永济，古称蒲坂，商属缶邦，春秋属晋，战国属魏，西周封魏国于蒲坂，后世的蒲州遂以此而为州名。自秦迄隋唐五代宋元，又屡以河东为郡称、道名、路号。唐开元初年，改蒲州为河中府，且一度以河中府为中都，与西京长安、东都洛阳、北都太原并号"四都"。可见今天的永济市，在历史上不仅是国家的形胜之地，还曾一度是天下的准政治中心。

　　这里是文化大市，旅游名城。特殊的地理位置、地形地貌和悠久的历史文化，使这里的旅游资源丰富多彩，得天独厚。境内的古文化遗址、宝寺名刹、亭台楼阁、名人故里、将相陵寝、城池别墅、山川名胜星罗棋布，

璀璨夺目。鹳雀楼、唐铁牛、五老峰托起蒲坂大地的泱泱气象；普救寺、《西厢记》唱绝人间情愫的殷殷浩歌；王维、柳宗元、司空图等巨擘圣手著华章；杨博、王崇古、张四维等重臣武将构成了蒲坂历史文化的辉煌星座。依托丰富的人文资源和自然景观，2004 年 1 月永济市已步入国家优秀旅游城市的行列。

中国是一个诗歌的国度。源远流长的古典诗歌发展到唐代，进入了一个黄金时代。唐诗的繁荣不仅造就了许多著名诗人，它还造就了中国历史文化的四大名楼，永济鹳雀楼就是其中的佼佼者。有唐一代130余名诗人的300余首诗是写河东地区的。其中以永济居首，占有唐诗多达200余首。而盛唐诗坛骄子王之涣的《登鹳雀楼》便是唐诗艺术发展到极致的表现，全球华人往往皆能背诵。可惜，历史上的鹳雀楼存世700余年，自遭兵燹后又800春秋，有名无楼，令觅迹寻根者乘兴而来，惆怅而去。

今改革开放，百业俱兴，国运昌隆，史开新章。重修鹳雀楼成了仁人志士共同的呼吁，永济市委、市政府倾全市之力，筹巨资重修斯楼，历经五年筹备，五年施工，一座恢弘挺拔、瑰丽耸天的仿唐高台楼阁重现黄河岸畔，雄伟的鹳雀楼又一次把穷目千里的美景呈现在世人面前。

"凌空白日三千丈，拔地黄河第一楼。"展现源远流长的黄河文化长卷的艺术殿堂——鹳雀楼，已成为黄河文化的标志性建筑。它是一座无言的丰碑，亦是一曲盛世中华的赞歌。回望这一段不平凡的经历，我们感念建设者们肩负时代重任、顽强拼搏、开拓进取的创业精神，永远铭记黄河儿女为传承弘扬优秀传统文化，为中国传统古建筑艺术创新而作出的伟大功绩。

"一览兼收三省景，再登可赏四时春。"琼阁鹳雀楼，给人们提供了登楼赏景、抒发心志的平台，与历史对话、交流、互动的载体。千百年来，它超越一般人文和自然景观的范畴，已凝聚升华为中华民族与时俱进的永恒精神。

《鹳雀楼》一书的编纂出版发行，是我国楼阁建筑史上的一大文化盛事，亦是实现中华名楼转型升级跨越式发展的幸事。

　　《鹳雀楼》一书的编写人员辛勤工作，稽考经籍，精心编写，终于成书。它真实地记录了永济市委、市政府带领全市44万人民共襄盛举，重兴名楼的艰辛历程。浓墨重彩地展现了大唐古蒲州的自然环境、人文历史、文物胜迹、物产资源。艺术地再现了三晋新永济改革开放以来，在经济与社会发展、城市建设和旅游产业诸方面取得的辉煌业绩。它既是一部资源翔实的认识鹳雀楼的必读之物，又是一部了解永济、认识永济、解读永济的百科全书。该书的出版发行，必将加快世界了解永济，永济走向世界的步伐。在打造实力永济、魅力永济、公平永济、宜居永济、幸福永济，把永济建设成为黄河中游地区的明星城市的过程中必将起到一定的推动作用。

第一篇　大唐古蒲州　三晋新永济

一、三晋明珠　永济新市

　　有一种时尚的说法：二十年改革看深圳；百年中国看上海；千年历史看北京；三千年变迁看西安；五千年文明看山西，山西历史看运城。而三晋的五千年辉煌尽在晋南，在晋南的河东，在河东的永济。

　　永济，雄踞山西南大门，是黄河文明的产床，中华先民的繁衍生息之地。这里是盛唐四都之一，这里浓缩了华夏五千年文明。

　　永济，虽只是中条山下、黄河岸边的一个小地方，但却是一本值得世人虔诚翻开、静心研读的历史书，厚重而精彩！

　　永济古称蒲坂，位于山西省西南部，地处晋、秦、豫"黄河金三角"区域中心。司马迁在《史记》中称这里为"天下之中"。永济境内独头、石庄等古文化遗址的发掘，也昭示了这里悠久的文明历史。

　　"蒲坂"之名最早记载见于《史记·秦本纪》："昭襄王四年，西汉置蒲反县，王莽改为蒲城县，东汉改为蒲坂县。均为河东郡治所。"隋开皇十六年（596年），移蒲坂县于蒲州东，在蒲坂故城置河东县。大业三年（607

年），蒲坂县并入河东县。唐代的河东县地处西都长安、东都洛阳、北都晋阳"天下三都"之要会。控黄河漕运，总水陆形胜，"扼天下之咽"，战略地位极为重要，因之唐开元八年（720年）于此置"中都"，改蒲州为河中府。宋、金、元时期迭置河东郡、河中府、蒲州等，治所均在河东县。明洪武二年（1369年），河东县并入蒲州。直至清雍正六年（1728年），升蒲州为府，增置永济县，"永济"县名由此始。

1912年3月，山西省裁去蒲州府，留永济县。1947年9月，永济县与虞乡县合并为永虞县，县人民政府驻地迁建于两县之间的赵伊镇。1949年，恢复原永济县和虞乡县。1954年，虞乡县与解县合并为解虞县。1961年，原永济县与虞乡县再度合并组建成新的永济县。1994年1月，撤县设市。

永济目前是中国优秀旅游城市、全国科技进步先进市、全国社会治安综合治理先进市、全国双拥模范城、全国食品工业百强市、中国特色魅力城市200强、连续三年的全省结构调整先进市、连续八年全省卫生城市、连续六年全省城市空气质量最好城市。2007年元月又被评为"一生要去的六十六个中国文化旅游大县（市）"之一。

永济市目前隶属于地级运城市。市区处于山西省最主要的经济发展轴线——同蒲经济轴线和黄河经济轴线。是山西对外开放、对外联系的最主要通道之一。全市现已形成以铁路、主干线公路为主框架，以市区为中心，运风高速公路为主轴，运永、永蒲市干线公路为侧翼，8条镇主干道为骨架，120余条乡村油路纵横交织辐射的交通网络，进入大区域交通网。永济城市功能完备，特色城镇化进程正在进一步加快。城市建成区面积达20平方公里，7路8街的城市主骨架网络已基本形成，樱花园、柳园等一批城市公园相继建成，市区绿化面积达65.26万平方米，建成区绿化覆盖率达 32% 以上。投资 6970 万元、日处理污水 4 万吨、全省第二家城市污水处理及资源化项目一期工程已基本竣工。全市实现了统一供水，统一供热，统一污水处理，城市现代化气息明显增强，人居环境得到极大改善。

永济的工业以轻工业为主。有机械、电器、电力、纺织、化肥、农副产品加工、建材、家具、印刷、塑料、酿酒和人造板等产业。全市共有耕地 78.02 万亩，农作物以棉、麦为主，并有玉米、谷物、豆类、油料等。林地面积 24.2 万亩，其中有中条山深峪天然自生林 9 万多亩，人工林 7 万多亩，桑园 0.5 万多亩。矿产有磷、石英砂、石灰岩、白云石、铁、铅、锌、金、铜、红玛瑙等。野生动物有野猪、野兔、野羊等。土特产主要有桑落酒、蒲柿、黄河大鲤鱼。桑落酒在隋唐时期就已扬名全国，但年久失传，1980 年试产复誉，现年产量可达 140 吨。永济盛产芦笋，种植面积 20 万亩，居世界之首。附近聚集了数十家芦笋加工企业，芦笋罐头的产量和出口量居全国之首。

永济的投资环境十分优越。在国家西部开发、中部崛起战略中处于承东启西、承南启北的重要位置。永济航空、铁路、公路交通优势十分明显。境内南同蒲铁路贯穿东西，与陇海线接轨。从企业投资的成本看，北京铁路局太原分局在永济市设立了铁路集装箱出口直运线，天津远洋航运公司在永济设立了办事处，山西省出入境检验检疫局在永济设立了检验室，太原海关也在永济设立了全省首家监管组。这样，永济的外贸出口产品能一次性办理商检和出口货物手续，出口货物可以从永济直接发往世界各港口码头，进一步打开了永济市外贸出口大门。从经济发展的软环境看，永济出台了用地、税收、规费等一系列优惠政策，推行一站式审批、一条龙服务和限时办结制、公开承诺制、首问责任制，一事一议，一企一策，着力建设效率型政府、法制型政府、服务型政府。

提起永济，也许不能用单调的数据来诠说。因为这是一块充满传奇色彩与文化气息的古老土地，这是一个明贤辈出、佳句迭衍的美丽地方。这个地方，因舜帝、柳宗元、王维、聂夷中、杨贵妃、司空图、马远、杨博等历代英杰而声名远扬。这个曾经战争频仍、兵家必争的地方，也吸引了王之涣、畅当这样一批风流墨客。永济的气质因此儒雅、厚重起来。这种气质是以史为师，衣钵相传下来的，比如尧王让贤，比如舜陶于河滨、耕于历山、渔于雷泽；这种气质是以诗文为媒，口碑相传下来的，比如王之涣的《登鹳雀楼》、王实甫的《西厢记》、司空图的《二十四诗品》；这种气质是以民风民俗为继，手把手相传下来的，比如发源于此的蒲剧、道情、皮影戏、剪窗花、闹社火。今天，永济所有的气质一起以一种新的形式呈现于盛世华年。这种形式就是——旅游。

闻名遐迩的人文景观：旧石器时代独头文化遗址、石庄古文化遗址、小朝墓群、高市墓群、杨博墓和普救寺、万固寺、栖岩寺、舜帝建都的蒲坂古城蒲州城遗址、黄河明珠鹳雀楼、黄河第一桥蒲津古渡遗址和唐开元大铁牛、杨贵妃故居"贵妃池"、古代神医扁鹊庙、清朝宰相阎敬铭别墅……都以最原汁原味的、历史的、文化的风貌散见于永济的山水间。国家级风景名胜区五老峰、碧波千顷的伍姓湖、飞流直下的王官峪瀑布等壮丽秀美的自然景观更是让游人在百般留恋之余，又口有余香地在朋友面前、在网络博客上赞叹不已。如果春节来临，黄河岸边的"亮膘背冰"、高跷、高抬、舞狮、龙灯等绝活，黄河威风锣鼓、民间工艺及各种令人垂涎的风味小吃会代表永济热情的43万市民欢迎八方来客。

昨日蒲坂古老的文化脉络生生不息，今日永济的独特魅力层层迭现。在这极目平畴、风正帆悬的盛世年华，随着建设"实力永济、魅力永济、宜居永济、公平永济、幸福永济和黄河中游地区明星城市"战略目标的确立，凭借日益凸显的强劲竞争力，古老的永济将在一马平川的发展新平台上纵情驰骋。

二、 悠久的历史　灿烂的文化

（一）缠绕着历史的地方

据《通典》记载："尧旧都在蒲。"《水经注》中记载："雷首，俗亦谓之尧山，山上有故城，又曰尧城。"《十三州记》中记载："蒲坂，尧都。盖尧帝亦都此，后迁平阳。"《帝王世纪》中记载："尧旧都在蒲，舜都蒲坂。"《史记·正义》引《地记》注："河东县东二里故蒲州城，舜所都也。"《括地志》以及《水经注》等史料，亦记曰舜定都在"蒲坂"。蒲坂故址就在今永济市蒲州古城的东南隅。

鹳雀楼所在之地，是夏、商、周以前尧舜两帝的建都之地；鹳雀楼所在之地，是中华五千年文明的发祥之地。九曲十八弯的母亲河从西而来，在内蒙古草原、山西北部开始自北向南，劈开晋陕峡谷，穿壶口，跃龙门，仿佛狂躁的情绪已经得以发泄，一到晋南腹地，如同面对她疼爱的孩子，一下子变得温顺起来。经过一番缱绻，然后，毅然折转向东，直奔大海。这个转折，形成了一个温暖的怀抱，把三晋大地上这块难得的平川哺育得异常丰沃。鹳雀楼就在这怀抱的最深处，最贴近母亲心脏的地方——蒲坂。

蒲坂的文明史源远流长。距鹳雀楼20公里的西侯度古人类文化遗址，留下了180万年前旧石器时代人类在这里用火的证据。我们的祖先就是在这里开始打制并使用石器。华夏民族的先祖伏羲、女娲、黄帝，也在这一带留下了斧辟刀凿的痕迹。尧舜的"禅让制"之后，禹将帝位以世袭的方

式传给了自己的儿子启。在尧舜禹三都之中安邑，大启建立了中国第一个政权制国家"夏"。"华夏"一词的"夏"指的就是大夏王朝，指的是黄河以东、条山以南的广大地区。又据《太炎文录》，"华"指的是黄河以西、华山以东的大片疆域。故西为华，东为夏。蒲坂就是孕育"华夏"一词的沃土。位于古蒲州河中府属地的万荣后土祠，又是我们华夏民族的共同祖先轩辕黄帝以及后来的秦皇汉武祈求风调雨顺、国泰民安的地方。鹳雀楼，就坐落在华夏历史坐标的中点。

蒲坂因西扼黄河之险，南靠条山之屏，故历来乃兵家必争之地。秦末楚汉相争时，汉大将军韩信就是在这里出奇制胜，俘虏了背叛刘邦投靠项羽的魏王豹；东汉建安年间，雄才大略的魏武帝曹操也曾在这里设下埋伏，大败西凉的韩遂、马超。鹳雀楼，以戍楼身份，诞生于这块战争频仍、刀光剑影之地。

然而蒲坂的出名，始于盛唐。公元617年5月，李渊、李世民父子策划了"晋阳宫事变"，李家大军以摧枯拉朽、势如破竹之势，从并州（今太原）出发，越过龙门，直捣长安，建立了唐朝。起兵于晋的李家唐朝，深知蒲坂是西都长安与北都太原的交通要冲，故在行政建制时，应和东都洛阳，将蒲坂称为"中都"，并建河中府。唐开元十二年落成的黄河

西侯度遗址保护标志碑

大浮桥使天堑变通途。这里，遂成为全国最重要的水陆交通枢纽。

与河东这一宽泛的地理概念相比，蒲坂的指代似乎更具体更准确。与蒲州这一狭义的行政名词相比，蒲坂的定义似乎更有久远的历史感。蒲坂，是一片广袤的土地，是承袭了五千年文化血统的地方。当沿古驿道慢慢接近被黄河水吞噬的蒲州古城遗址时，对这座曾经有过大作为的古城，你会从心里升起肃然之感，崇敬之情。

蒲坂，是一片神奇的土地，独特的地理构成和自然形貌，让我们的祖先坚决地选择了这里，它不同于向北而去的晋中，寒冷干燥；也不同于向西而去的川陕，贫瘠无水。它像一个天赐的金碗，中间是一望无际的平地，地肥草美，水丰雨足，宜耕宜牧，宜稼宜桑；周边沟壑纵横的条山，如天然屏障，挡去风沙，因而这里气候温和，雨量适中，光照充足。祖先选择在这里繁衍生息，刀耕火种，才使我们的民族如此勤劳和勇敢，如此健康与智慧。

（二）华夏文明的摇篮

"蒲"位于涑水盆地西端，是晋、秦、豫三省交汇处的黄河金三角地段。南依中条山，翠若屏障；北望峨眉塬，苍苍莽莽；西临黄河水，白如襟带，隔河与陕西大荔相望。一代明君尧，初次定都即在蒲。尧迁都平阳之后，天赐虞舜于蒲地人民。虞舜以平民之身，"陶于河滨，渔于雷泽，耕于历山，座于鸣条"。他帮助蒲人过上男耕女织、自给自足的安定生活。尧王年老之时遍访贤士继位，禅位于民心所向的舜。故都蒲又成为舜帝的都城。在蒲城向南的条山苍陵峪口山岭上有二妃墓，传说是舜的两个妃子娥皇、女英的安息地。尧、舜二帝定都蒲，或是传说，却有不少史料记载。这些记载，

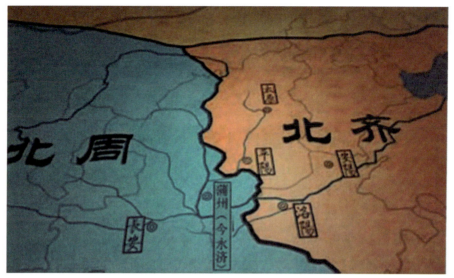

历史上古蒲州位置图

显然影响了我国历史上帝王首次建都的雏形模式。

夏至西周时期，蒲称"长原"、"长坂"，多为侯国。周武灭商，大军路过距蒲不远的首阳山，我们所熟知名字的那两位商代遗民伯夷、叔齐，企图劝说周武王不要灭商伐纣。历史车轮他们当然阻挡不住，在周灭商后，二人拒不食周粟，遂饿死在首阳山，留下了两个大墓冢，一座"二贤祠"。他们不肯闭上的眼睛，至今仍透过历史的烟云，注视着千年之蒲在风雨中的沧桑与变迁。

春秋晋霸，蒲为晋之邑地，仍封为侯国。战国时期，称"蒲邑"，属魏。邑即城，说明这个河滨之地分明伫立着一座规模不小的城市。公元前221年，秦始皇一统天下，"分天下为三十六郡"，蒲属河东郡。秦始皇二十八年（公元前219年）巡游东方，封禅泰山，途中登蒲邑，见长坂。长坂于公元前625年修了黄河浮桥，河西河东的道路连接秦晋，逶迤通达。这位命令天下"同文同轨"的铁腕政治家便把这个黄河岸边的城市易名为蒲坂。今之所见的很多史料都称"舜都蒲坂",足见是秦之后的追记。秦都咸阳,汉都长安,作为原始时代末期部落首领尧与舜的旧都,蒲只能屈驾为县制,是为"蒲坂县"。

王莽篡汉时,将蒲坂改为"蒲城",不过蒲城的名字随着他"新朝"的短命也很快成为一段回忆。

西魏大统三年(537年),宇文泰打败东魏高欢——就是那位修葺晋祠的一代枭雄,夺得蒲坂。九年(543年),迁城距河岸只二里,建起坚固的砖城,成为"关中之巨防",并改名为"秦州"。

北周时,改名为"蒲州",一直沿用至今。

蒲州自古以来地势险要。蒲州城以西2公里的黄河岸边是历史上著名的蒲津关,它是秦晋之间的险关要隘,又是交通要冲。故三国时,曹操说:"河东天下之会要。"明末清初地理学家顾祖禹在《读史方舆纪要》中也说:"自古天下有事,争雄河山之会者,未有不以河东为噤喉者也。"蒲州位于黄河之东,故"河东"即指连蒲在内的晋南区域。负山带河、雄关险隘的蒲州,西边和关中互为表里,南面有大河阻隔,向东向北,此地均是必经之路,若占据了它,可以控制中原一带。所以蒲州重镇,历代统治者都把它看成是"咽喉之地"。唐代诗人李山甫有诗《蒲关西道中作》道"国东王气凝蒲关"、"地锁咽喉千古壮",形象地描绘出了蒲州一地的险要形势。

"黄河北来,太华南倚,总水陆之形势,壮关河之气色。""西阻大河,东倚太行,潼关在其南,龙门在其北。"《蒲州府志》也对这里的山川形胜进行了描写。"立马风陵望汉关,三峰高出白云间。西来一曲昆仑水,划

蒲州古城鼓楼遗迹

断中条太华山。"清代峻德的《望潼关》一诗更是写出蒲州险要天成，疆界天划的气势。中条与太华山合而形成的新名词"中华"配着"华夏"二字，再一次印证了这里悠久的历史与深厚的文化底蕴。

原始社会后期，尧、舜建都时，蒲坂是华夏政治、经济、文化的中心。从公元前21世纪左右有夏开始，至商代、周代到春秋，蒲州古城的建筑已有了相当的规模。城址位于黄河古渡口的台地上，称蒲州老城或旧城。夏之后，从周始，这里便金戈铁马，战事不息。

"蒲普群，被河山之固，介豫之交。方春秋战国时，诸侯得之，以绝其围；重耳得之，以抗秦；魏斯得之，而雄三晋者也。以山西论之，则为并汾之外户，而障其南；以大势论之，则为关中陕洛之枢，而扼其要。故蒲之所

蒲州古城鼓楼匾额

繁重矣。以自北而西南者言之，刘渊陷蒲坂，则晋之洛阳危；金娄室破河中，宋关陕不能守。以此秦豫而北者言之，前则赫连屈子攻蒲坂，拓跋为之震动。后则守宇文泰州，因得略定汾绛，而高氏晋州始岌岌以就亡。盖形势居要，所谓得之者雄。"以上一段文字，对蒲州城所据之形胜，进行了精彩论述，虽言说"河东被山带河，四邻多变，当今天下之要地"，但蒲州实为河东之咽，不守蒲坂，"无能为也"。历史的统治者和军史要将，自然懂得这个道理。所以对蒲州城的建设便尤其重视。据《永济县志》，现存的蒲州古城城廓（即土围墙），大约始建于北魏登国元年（386年）。当时为了将此城作为"巨防"之地，城墙高筑达三丈八尺多，而且城外还设有一条护城河。

到了隋、唐迄至北宋年间，因蒲州城地形险要，隘据秦、豫、晋三省要冲，故又经过多次筑修，已成为经济文化发展和军事的重地。唐天宝十年（751年），安禄山阴谋造反，求允河东节度使，唐玄宗不明其意，竟慨然应诺。

后安禄山反叛唐朝，并派其部将崔乾佑占据蒲州城。唐至德二年（757年），大将朔方节度使郭子仪率领众兵，击败崔乾佑收复了蒲州城，平定了河东，解除了唐都长安的临危之患，足见蒲州地位之重要。

蒲州城战略地位如此重要，又曾为唐朝别都，因此历代均建有坚固的城池。纵观两千年历史，唐代和明代时期蒲州城规模最大，是两个繁华昌盛的时期。

唐开元八年（720年），蒲州城与陕、郑、汴、怀、绛齐名，称为当时的六大雄城。这时的蒲州城周长达到10公里。"城临大河，楼堞完固"。城内建筑星罗棋布，街道纵横，布局完整，规模宏伟，建筑群连绵如网。城西门外设有护城石堤，建有蒲津渡口和蒲津桥，城外西南角有鹳雀楼，

蒲州古城北门

蒲州古城西门

城南门外有西海神祠和河渎神祠，城东门外为繁华的商贸区。《蒲州府志》记载："西郭外黄河岸侧，有铁牛四。自唐开元中所铸凡八。其四在秦之朝邑，东西分向，用以维河桥。及元世，桥废渡绝，而牛之存者如故，阅千有余岁矣。"城内的繁华，衬以岿然的铁牛，更增加了蒲州古城俨然雄伟之气势。

北宋年间的蒲州城，据《永济县志》载，城垣呈南北窄、东西长的长方形。长与宽约为二比一，周长二十余里。当时的蒲州城建筑已比较讲究，可以说是美观雄伟，而且非常坚固。

元至正十年（1371年），蒲州驻军千户张盖对蒲州城垣又进行了重筑，用砖裹墙，城垣高三丈八尺，城垣女墙高达七尺。并建有城门四座。在门

上又各建门楼一座，楼皆三重。同时还在城上四角建筑了四角楼。在城上周围筑了七座敌台，在四大门外还各建了月城（又名瓮城）。城内建筑，布局合理，格调清晰。城中以雄伟参天的鼓楼为中心轴，四面建有大大小小庙宇、龙亭百余座。整体建筑群，如同六大古都，实为传统古典式建筑艺术之瑰宝。

金元之际的争夺战中，蒲州城惨遭破坏。明代洪武年间，对其进行了较大规模的修葺，城墙高三丈八尺，堞高七尺，开四门，城门上各建重檐三层楼一座。四门外各建月城，开有护城河。此时的蒲州城又完整又坚固。从面积规模上看小于唐时，但繁华程度能与唐时媲美。据《蒲州府志》记

明代蒲州城形胜图

载："河中古为大藩重镇，其城廓素号壮峻而完固，唐宋之盛，不得见矣。即明中世州萃而居者，巷陌常满，既多仕宦，甲宅连云，楼台崔巍，高楼睥睨，南廓之外，别墅幽营，贵家池馆，绮带霞映。关城所聚，货列队分，百贾骈辏，河东诸郡此为其最。"

这足以说明，明代的蒲州城，城池坚固，地位重要，经济繁荣，文化发达，既是商业繁华之地，又是交通枢纽，还是军事重地。

明嘉靖三十四年（1555年）十二月，山西、陕西、河南发生大地震，波及蒲州，或地陷，或平地突起山阜，故使蒲州城几乎倾覆殆尽。当地群众称这次大地震是"天塌蒲州"。第二年的春天，由河东道尹赵祖元及蒲州知州边象倡导予以重修。

明隆庆元年（1567年），河东道尹欧阳谷、新任蒲州知州宋训遵朝廷旨意重建州城。关于这次重建，有传说为证。此次重建工程在唐基上进行，以大石垫底。城墙内外以大青砖叠砌，墙内夯土，且用优质的黄绵土。因蒲州城紧靠黄河，黄河淤积的沙土不能用，故需从峨嵋塬运土。但朝廷给的工程期限为两年，峨嵋塬远在五里外，运土极不便。时间紧迫，工程浩大，知州宋训急得团团转，最后终于想出一个好办法：张贴告示，全民动员，在州城四面八方排成长队，接力转运。可别说，没过半年，气势恢弘的新城墙内夯土已满，捶打得很是瓷实。知州急忙喊："停止运土……"可是，长长的转运队伍足有五里长，怎能一下就传到峨嵋塬呢，只有靠运土的人员传话了，没等到话传到底，城外又围起了一座土城。可见当时建城的浩大场面以及官兵上下齐心重建家园的伟大力量。

清康熙元年（1662年）又一次筑城，较明城有所缩小，这座城一直保留至今。城墙高三丈八尺，四面各设一门，门上建有高大城楼。城外绕护

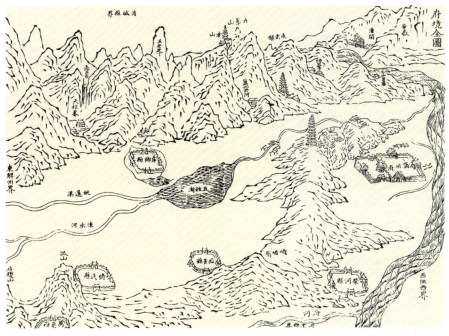

蒲州府境全图

城河，总长六里余。同治年间，当地官员对蒲州古城又多次进行过修葺。

可以说，蒲州古城一直因为其政治、经济、文化、军事的至重地位被历代帝王将相所关注。漫漫五千年，这座古老的城池一直固守着晋陕豫之隘，不曾失职。但遗忘与岁月却让它彻底失望了。在近代历史的淡漠中，曾经的骄子成为弃儿。风沙、洪水趁机戗害了它。不知何时，这座历代重镇竟湮没于千层河沙之下，成为与楼兰古城一样的地下死城。

也许它在地下仍在等待吧，至今仍有遗迹可循的逍遥楼、鹳雀楼、文庙、玄武庙、蒲津关等重要古迹是它留于地上的标志。默立于黄河滩涂颓圮的遗址虽然只是满目沧桑的历史废墟，但透过这残垣断壁，依然能想象到它昔日的辉煌。

（三）盛唐诗国古蒲州

蒲州虽为兵家必争之地，却以"诗国"之名引得后人纷纷前来朝拜。这许是因为有了鹳雀楼，还许是因为舜帝的《南风操》和《南风歌》。"反彼三山兮商岳嵯峨，天降五老兮迎我来歌。有黄龙兮自出于河，负书图兮委蛇罗沙。案图观谶兮闵天嗟嗟，击石拊韶兮沦幽洞微。鸟兽跄跄兮凤凰来仪，凯风自南兮喟其增悲。""南风之薰兮，可以解吾民之愠兮。南风之时兮，可以阜吾民之财兮。"舜帝之歌给蒲地吹来了书香之气。蒲地，是一个诞生文人、吸引诗人、频出名句的风雅之地。先秦文学《诗经》里的《魏风》，就诞生在蒲州一带。最著名的是《伐檀》和《硕鼠》。

远在汉朝的一个秋高气爽的日子，汉武帝乘着龙舟从黄河顺流而来，进入汾河。黄河汹涌而澄清，汾河也是汹涌而澄清。河流两岸，树木蓊郁，野草葳蕤，庄田充满生机，汉武帝龙心大悦，巡幸河东祭祀后土祠时，他诗情洋溢，在舟中和群臣宴饮时，挥毫写下这首名诗："秋风起兮白云飞，草木黄落兮雁南归。兰有秀兮菊有芳，怀佳人兮不能忘。泛楼船兮济汾河，横中流兮扬素波，箫鼓鸣兮发棹歌。欢乐极兮哀情多，少壮几时兮奈老何？"

汉武帝雄才大略，堪称一代圣君，称其政治家、军事家亦不为过。在蒲坂之地，却诗兴大发，且做出这首诗流传后世，不能不说是诗国蒲坂给了他灵感，触发了他的善思情怀。

唐朝，是诗歌的唐朝，也是蒲州的唐朝。唐朝，让蒲州的诗歌疯长如蒲草。诗歌，让蒲州的雅名迅传如鸣钟。

与诗仙李白、诗圣杜甫齐名的诗佛王维就让蒲州增加了光彩。王维（701～761年），字摩诘，原籍太原祁县。其父任汾州司马时，中意于蒲州的城市规

模和居住环境，举家迁蒲州。世事出人料，在生活未完全安定下来时，父亲不幸早丧，留下寡母和弟妹五个在蒲州艰难度日。王母崔氏，一生笃信佛教。耳濡目染，王维的思想与诗风均禅意颇浓。他的名和字就是从梵语"维摩诘"而来。王维从小聪慧，加上蒲州文化氛围和著名诗人的影响，他九岁就能写诗，二十岁以前，便有诸多作品流传于世，在诗界如日中天。开元九年（721年），王维进士及第，赴京为官。彼时怀念家中弟妹，便写下千古名诗《九月九日忆山东兄弟》："独在异乡为异客，每逢佳节倍思亲。遥知兄弟登高处，遍插茱萸少一人。"他的另一首《相思》诗，也因平白如话，深情款款而被后人频频引用，以寄赠情人、朋友："红豆生南国，春来发几枝？愿君多采撷，此物最相思。"他的另一首写于送别之时的诗，被谱为古琴曲《阳关三叠》后，更是广为传唱。此诗唱起来百折千回，诵起来一复三叹，这便是他的《送元二使安西》："渭城朝雨浥轻尘，客舍青青柳色新，劝君更尽一杯酒，西出阳关无故人。"历代诗界评价此诗时说："王摩诘阳关无故人之句，盛唐之前

汉武帝像

王维像

所未道。此词一出，一时传颂不足，至为三叠歌之。后之咏别者千言万语殆不能出其外，必如是方可谓之达耳。"王维生性淡泊，一心向佛，故而他更多的诗静谧清新，朴淡自然。苏轼赞他说："味摩诘之诗，诗中有画；观摩诘之画，画中有诗。"王维虽然一生仕途不顺，但其诗却如砥柱，高高矗立在唐诗的最高处。虽然王维殁于任上，至死未再回蒲州，但后人从他的诗里可以看出，他的心在蒲州，从未离开，他的情在蒲州，不曾走远。

与王维不同，柳宗元（773～819 年）的祖籍是蒲坂虞乡。他二十一岁举进士，二十六岁授集贤殿书院正字（校书郎），三十一岁任监察御史，后又擢升礼部员外郎。与王维相同的是，柳宗元也是仕途坎坷，一生抑郁不得志。官场不幸文场幸，中国因此多了一位伟大的诗人。柳诗平淡而深远，清新而简峭，情感深沉，意味悠远。北宋大家苏轼说他的诗"似淡而实美"，"发纤浓于简古，寄至味于淡泊"。有其诗《江雪》为证："千山鸟飞绝，万径人踪灭。孤舟蓑笠翁，独钓寒江雪。"因柳宗元祖籍蒲州，生前身后都被称为"柳河东"，他对蒲州感情自比王维更深一层。其《春怀故园》更抒发了其殷殷赤子情："九疑鸣已晚，楚乡农事春。悠悠故池水，空待灌园人。"——故乡池水啊，我多么想回去做一个灌园人，但欲归不得，劳你空等了！819 年（元和十四年），四十七岁的柳宗元病故于柳州任上。蒲州

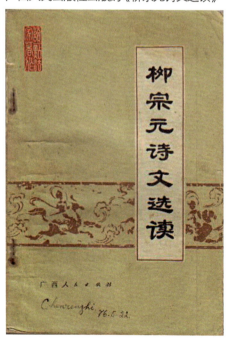

广西人民出版社出版的《柳宗元诗文选读》

老乡自筹资金迎回了这位苦情游子的异乡孤魂。纵观柳宗元一生，他不仅是一位诗人，还是一位具有进步思想的政治家，也是具有朴素唯物主义思想的思想家、哲学家。他和韩愈一直努力地扭转着六朝以来追求华丽辞藻而忽视思想内容的文风，提倡朴实流畅的散文，对我国文风改革和文学的发展起了重要作用。他是蒲州的儿子，蒲州也以他为荣。为了纪念他，把柳姓的村子更名为"文学村"。永济市政府还专门修了一座"柳园"纪念他。柳园内，垂柳绕堤，处处题诗，柳公的巨大塑像耸立园内。蒲坂的人们，闲暇之时，总要去柳园，以表达对这位乡党的崇敬与怀念之情。

蒲州的另一位才子卢纶（737～799年），一生科举不利，但才名远播。他的诗文被宰相元载推荐给代宗皇帝，后被任命为阌乡尉，又升任检校户部郎中。卢纶的边塞诗，写得气势雄浑，可追高适、王昌龄，其两首《塞下曲》可谓边塞诗之魁首。其一："林暗草惊风，将军夜引弓。平明寻白羽，没在石棱中。"其二："月黑雁飞高，单于夜遁逃。欲将轻骑逐，大雪满弓刀。"这两首写于蒲州的组诗，主角浑瑊当时是蒲州的节度使。浑瑊武功高强，性情敦厚，深得皇上信任和蒲州人民的喜爱。主政蒲州十六年，注重文化教育，宦绩斐然。卢纶笔下的凛然将军形象，便是对造福于蒲州人民的浑瑊的颂扬与肯定。

绕过另两位大诗人耿炜与杨巨源，下面说是的聂夷中，蒲州人。他的诗多是忧国忧民的，他们生于斯长于斯，蒲州文化使他们几乎个个才华横溢，蒲州人民的贫苦也锻造了他们一颗颗仁厚悲悯之心。平民诗人聂夷中的悯农诗，在唐诗中就以其金子一样的纯赤而独树一帜。聂夷中（837～？）晚唐著名诗人，家庭贫寒，自幼便在蒲州乡下务农植桑，深知农民之艰辛。咸通十二年（871年）时他三十四岁，中了进士。但却因家境艰难，没有财力置办贿礼而被官场晾晒了十余年。正因为他一生中连个七品县官也没有当上，所以他才会写出这样顶尖级诗作："二月卖新丝，五月粜新谷。医得眼前疮，剜却心头肉。"（《伤田家》）再如："父耕原上田，子属山下荒。六月禾未秀，官家已修仓。"（《田家》）因为经过，所以懂得。正因为身在底层，反映农民惨遭剥削的痛苦生活，才成为现实主义诗人聂夷中作品的重要内容，而以朴素生动的语言，描绘鲜明的艺术形象更是他的诗风。如若聂夷中天上有知，如今可以含笑而歌了。因为蒲州的子民如今一边念着他的诗怀念着他，一边已经过上了富庶自由、悠然安详的幸福生活。那段他书写的苦难的日子已然成为蒲坂人民不再复返的历史了。

晚唐著名诗人、诗论家司空图，也是蒲州人。让蒲坂胜景王官谷在中国历史上留下重重一笔的人便是他，是他的诗，他的《二十四诗品》，他忠诚得近乎于愚的苦行僧殉道精神。

司空图的父亲司空舆，本是安徽临淮人，后在蒲州任职，因距王官谷不远，故常来王官休闲度假。后爱上了王官的优美风光，便置下一处庄园，于会昌三年（843年），举家迁往王官。时年司空图七岁。司空图自幼勤于读书，经史子集熟稔于胸，诗作更是不同寻常。但因他志行高洁、仁慈爱民，故而不被官场所容。虽然后来有知遇知己卢携在官复宰相后重用了他，提拔他为礼部员外郎，不久又升任礼部郎中，但因黄巢义军作乱，他也只得在乱中辗转逃回蒲州故乡。官场得意之期竟未足一年。好在他成了蒲州人，有蒲州的山水给他晚年的悠然，有蒲州的文化温润他晚年的才情："浮世荣枯总不知，且忧花阵被风欺。侬家自有麒麟阁，第一功名只赏诗。"（《力疾山下吴村看杏花》）这是吴村每年春天依然灿烂的杏花。"凡鸟爱喧人静处，闲云似妒月明时。世间万事非吾事，只愧秋来未有诗。"（《山中》）

还有一首，深得后世伟人毛泽东之喜爱，曾用那龙飞凤舞的毛体字书写过："乱后烧残满架书，峰前犹自恋吾庐。忘机渐喜逢人少，览镜空怜待鹤疏。孤屿池痕春涨满，小栏花韵午晴初。醅歌自适逃名久，不必门多长者车。"（《光启四年春戊申》）没有了官场的繁文缛节，司空图进入了繁花似锦的诗歌天地。

当唐朝近三百年的历史从眼前闪过时，眼中只有诗的司空图成为整个唐诗最后的见证者。当唐朝即将从盛唐时期走向衰落时，司空图再一次把唐诗、再一次把蒲州用最后的力气推到历史长河的浪顶峰尖。"总结唐家一代诗"的诗论专著——《诗品二十四则》诞生了。"诗品者，品诗也。"司空图的诗歌理论从文学原理、创作技巧和艺术风格方面对近三百年的唐诗进行了全面审视、正确评价和理论提升，是文学理论史的重要建树和发展。对于诗歌和整个文学，它功在当时，利在后世。"雄浑、冲淡、纤秾、沉着、高古、典雅、洗炼、劲健、绮丽、自然、含蓄、豪放、精神、缜密、疏野、清奇、委曲、实境、悲慨、形容、超诣、飘逸、旷达、流动"二十种风格二十四种品味，尽然阐释，透彻深刻。可以说，如果没有蒲坂王官谷的幽然雅静，他不会有如此充沛的激情和深刻的思想。如果没有司空图，以"诗国"著称的蒲州就不会在唐朝殒灭时画上那么圆满而悲壮的句号。

《司空图〈诗品〉解说二种》

最后，当然是王之涣与王之涣的《登鹳雀楼》。一曲绝唱，唱出一座千古名楼，唱出盛世时期的绝版新作。一个为了弘扬唐朝文化而不懈努力的文化企业——鹳雀楼旅游集团有限公司，也因王之涣的千古名诗而诞生。蒲坂子民感念这位伟大的边塞诗人。

王之涣不会想到，他的朝代令他无可奈何，而近千年之后，一个新的时代却因他寥寥二十字而振奋。文人可以改变历史吗？让蒲州的历史去回答。

（四）人文景观　胜迹星耀

历史是看不见的，它活在人们的记忆中，活在线装竹简发黄的竖版文字里。但蒲州的历史却是可以近距离触摸的，可以一一去寻觅，可以有声有色地呈现面前的。

现在随着尧舜的足迹，一起去应和王之涣黄昏里的思绪，倾听杨贵妃深宫里的《霓裳羽衣曲》，为张生、莺莺的浪漫爱情叫好！

"天下寺院不言情，普救寺里情更浓"。蒲坂境内、峨嵋塬头的普救寺，是天下唯一一座透着粉红色彩的佛家圣地。唐朝元稹的《莺莺传》与元代王实甫的杂剧《西厢记》，让这座严正肃穆的佛教十方禅院成为天下有情人向往并朝拜的地方。

普救寺内有座方形砖塔，原名舍利塔，俗称莺莺塔。这座塔同北京天坛的回音壁、河南宝轮寺塔、四川潼南县大佛寺内的"石琴"，并称为我国现存的四大回音建筑；和缅甸掸邦的摇头塔、匈牙利索尔诺克的音乐塔、摩洛哥马拉克斯的香塔、法国巴黎的钟塔、意大利的比萨斜塔，并称为世界六大奇塔。

普救寺始建于何年，现已无从得知。但从古籍记载和出土文物可考，

隋朝初年即已有普救寺，原名西永清院。唐朝时，曾对该院大加修葺。宋朝，普救寺再次修葺。明嘉靖三十四年（1556 年），蒲坂发生大地震，普救寺内殿堂僧舍、楼阁佛塔全部毁圮。八年之后，即公元 1563 年，寺内建筑包括舍利塔，才得以重修。清朝，普救寺虽也曾修葺，但至清末，寺院已很破旧。1920 年又遭一场大火，后受侵华日军破坏，至 1949 年时，普救寺只剩莺莺塔、石狮、菩萨洞，其余建筑均不复存在。1986 年，政府拨出数百万元，对普救寺进行修复。如今，莺莺塔四周，回廊围绕；峨眉塬上，殿堂错落有致，僧舍鳞次栉比。一座在原址修复的普救寺，重现三晋大地。

杂剧《西厢记》里所述张生当年借宿的读书处西轩，就在大雄宝殿西侧。莺莺和她母亲、侍女红娘居住的梨花深院，位于大雄宝殿东向。张生越墙会莺莺的逾垣处及攀登过的杏树如今依然安在。

普救寺，用凝固的建筑语言，不仅诉说了久远的建筑文化，神秘的佛教文化，还用青砖与布幔、暮鼓与晨钟、戏曲与故事向人们诉说着那个在旧时代里追求爱情自由的故事。

普救寺山门前《西厢记》状元迎亲场景

普救寺是历史留下的人文景观。五老峰则是苍天赐予蒲坂的自然景观。

五老峰位于蒲坂东南向、永济市东20公里的中条山上。山上层层峰峦，森森古木，各种生物覆盖着整个山野，风光旖旎非凡，故有"南五台、东华山"之称谓。站在山下往西南远眺，可见四座山峰仙态神姿，隐现于云烟苍茫之中，将高1809.3米的玉柱峰环抱其中，"有偃蹇伛偻之状"，犹如五位老人抱拳作揖恭迎贵宾之势，故名五老峰。据史籍记载，早在晋代张僧鉴的《浔阳记》中就有"五老峰横隐苍空，其形势如河中府虞乡县五老山"的记载。北魏郦道元的《水经注》中有"奇峰霞举，孤标峰出，罩络群峰之表，翠柏荫峰，清泉灌顶"的描写。历代文人墨客都有文章诗赋予以赞

远眺五老峰

美和记述，如碑文记述"条山秀甲三晋，五老峰嶙峋萃律秀丽更甲条山"，誉为三晋之第一胜迹了。据考察，在山上的古建筑遗址中，有南北朝的石雕佛像，有唐代的细绳纹砖，宋代的方形花砖，明代的彩塑人像，以及大量的碑碣石刻，说明古代五老峰早就是游客的流连忘返之所，更是道教之士修炼、栖居之地，列为"第五十二福地"。

五老峰曾有千年的繁荣纪事，又有许多民间传说和轶闻：宋代杨业在此屯兵练武，兵围普救寺的孙飞虎在此安营扎寨等等。道教八仙中的张果老、吕洞宾等人物的许多传奇趣闻，更增添了五老峰的神秘色彩。每年的七月初一到十五是朝峰庙会，南北商贾官吏云集至此，人数多达数万。现存明万历年木刻《条山玉柱晴峰图》、民国初年印制的《新绘山西虞乡县西南五老峰胜景全图》都生动地描绘了当时的繁荣景象。直到日军入侵前，从山下的虞乡西关到山上的玉柱峰顶，沿途开设的茶馆、饭肆达四十多处。山口的寺庙、梨园社戏轮番献艺，余音缭绕，民间娱乐活动及迎神赛会尽情抒怀。热闹非常之后，出于多种原因，五老峰逐渐名气不再。

盛世来临，蒲坂人岂能让五老峰再沉寂下去？而今恢复了生机的五老峰国家森林公园以"秀"闻名天下，汇集五岳雄秀、奇秀、险秀、怪秀、苍秀之精华。相邀登山，不仅可以看到奇峰秀水，还可以在导游的讲述里看到承载中国最古老文化的"河图"、"洛书"，看到吕洞宾、张果老潜心修行的身影，白帝与陈仙女专心下棋的情景。

唐朝开元年间铸造的维桥铁牛可谓是蒲坂展示的最古老的语言。中国的桥梁史因铁牛的出土重新改写，世界上最早桥梁出现的时间也因铁牛的重新出世而提前了二百多年。开元铁牛亦称黄河铁牛，位于永济市城西15

公里、蒲州城西的黄河古道两岸，各四尊。铸于唐开元十二年（724年），为稳固蒲津浮桥、维系秦晋交通而铸。元末桥毁，久置不用，故习称"镇河铁牛"。后因黄河变迁，逐渐为泥沙埋没。1989年8月在蒲津渡遗址上经勘查发掘，处于黄河古道东岸的四尊铁牛全部出土，距蒲州城西墙51米，距西城门110米。铁牛头西尾东，面河横向两排。牛状为半蹲，高1.5米，长3.3米，两眼圆睁，呈负重状，形象逼真，栩栩如生。牛尾后均有横铁轴一根，长2.33米，用于拴系桥索。牛侧均有一铁铸高鼻深目胡人作牵引状。四牛四人形态各异，大小基本相同。据测算，铁牛各重约30吨左右，下有底盘和铁柱，各重约40吨，两排之间有铁山。铁牛自无言，智人已晓知。

能证明蒲坂辉煌与古老的活化石是蒲津渡。这是古代黄河的一大渡口，位于永济市古蒲州城西门外的黄河东岸。蒲津渡自古以来就是秦晋之交通要冲，历史上有很多朝代在这儿修造过浮桥。据《春秋左传》记载，昭公元年，秦公子鍼奔晋，造舟于河。《初学记》："公子鍼造舟处在蒲板夏阳津，今蒲津浮桥是也。"《史记·秦本纪》又载："秦昭襄王五十年（前257年），初作河桥。"张守节《史记正义》谓："此桥在同州临晋县东，渡河

蒲津渡遗址——唐代大铁牛

至蒲州，今蒲津桥也。"以后东魏齐献武王高欢、西魏丞相宇文泰、隋文帝都在这儿建造过浮桥。唐初，河东为京畿，蒲州是长安与河东联系的枢纽。开元六年（718年），蒲州被置为中都，与西京长安、东都洛阳齐名。开元十二年（724年），为了加强对唐王朝的大后方河东地区及整个北方地区的统治，唐玄宗任命兵部尚书张说主其事，改木桩为铁牛，易笮索为铁链，疏其船间，倾国力对蒲津桥进行了大规模的改建。《通典》、《唐会要》、《蒲州府志》均记载此事。及至宋时，蒲津渡仍是黄河的重要渡口之一。金元之际，浮桥始毁于战火，只剩下两岸的铁牛。后来因三门峡水库蓄洪而使河床淤积，河水西移，铁牛被埋入河滩。

今蒲津渡遗址，西距黄河堤岸2.8公里，隔河遥望陕西省朝邑（今大荔）县，东距古蒲州城西墙约6米，南距古蒲州城西门（即蒲津门）近百米。1988年、1991年对蒲津渡进行了全面的调查、勘探和科学发掘。根据发掘结果，唐蒲津渡遗址最深处距今地表6.5米。

蒲津渡遗址是一处具有丰富遗存的大型遗址，也是我国首次发掘的大型渡口遗址，它展现了我国古代桥梁交通、黄河治理、冶铸技术等方面的

休休亭

科技成就，直观地揭示出黄河泥沙淤积、河床升高、河岸后退的变迁过程，从而为历史地理、水文地质、环境考古及黄河治理提供了许多珍贵资料。

　　永济市东25公里中条山北麓的王官谷，是唐朝最后的殉道人司空图的隐居地与殉葬地。据《虞乡县志》记载："王官谷，地名。在王官古城之侧，因以为名。"谷幽壑深，奇峰异石。入谷便觉清静幽雅，似有"世外桃源"之感。历代游人不绝，多迷恋它的幽深雅静。知司空图盛名的文人雅士则是慕名而来，以拜见这位诗评界的泰斗，与唐王朝同生共亡的忠臣信民。

　　王官谷为司空图祖居之地。《虞乡县志》载，谷旁有其先人别墅一座，依山傍水，泉石林亭，绿树合围，风景独秀。如今，志书上的记载成了永

恒的文字，其遗存早已湮没在历史的变迁之中谷内的天柱峰、东西瀑布、贻溪清流、奇峰珠帘、明镜映天、百二盘山等自然胜景依然清秀宜人。

天柱峰脚下，原有一座砖木结构的亭子，掩映在松柏之中。因年久失修，现仅存颓垣残壁。据说这亭子是司空图隐居时所建，初名"濯缨亭"，后改"休休亭"，是因他感到乱世壮志难酬，只好隐居山林，遁迹世外，终日游山玩水，清淡自然而已。他在这幽谷林深之处隐居二十余年，对山石林泉充满了自然的爱恋之情，遂写下许多山林遣兴、闲吟自适的诗歌。其诗歌理论《诗品二十四则》，对后世颇有影响，为中国诗歌理论的发展作出了突出的贡献。他在此隐居时，还自比晋代诗人陶渊明，"将取一壶闲日月，长歌深入武

王官谷瀑布

陵溪"。并以《桃花源记》的典故来命名王官谷为"桃源滨"。清代诗人吴雯有诗曰："晚来鸥鹭侣，接翅桃源滨。"

休休亭之下约百米处，有"三诏堂"。现只存遗址，灌木丛生，一片苍翠。在唐末朱全忠篡权之后，曾三次诏司空图入朝任礼部尚书，他却坚辞不就。后人为纪念他这种高洁的品格，在此修了庙宇。原堂门边有一副楹联曰："一片野心都被白云留住，九重宠诏休教丹凤飞来。"表明司空图不谋权贵，甘居山林过着幽静清淡的生活。

王官谷的两边是陡峭的高山，山上树木层层叠叠，蓊蓊郁郁。谷里的贻溪湍急而下，水击乱石，潺潺流响。贻溪出谷后，散入田间，可引以灌溉。昔日村民为引水灌田，常常争执不休。司空图为解决民众争水纠纷，曾创立了分水法，并刻石立碑，为后人执守不越。传说司空图在分水时，亲自下到水中，被急流冲倒，一只毡靴被水冲到清华村口的岸边。后人为纪念他的功德，还在毡靴落岸的地方修了一座"司空侍郎庙"。此庙已毁于洪水，现在尚存遗址。

仰杨贵妃之艳名，循迹可到其故居。杨贵妃故里，也即杨贵妃成长的地方。去蒲州不远的韩阳首阳山上，有一占地面积近百亩、建筑形制为仿唐形式的民居就是杨贵妃故里——独头村。整个院落类似城堡，独宅三进，依山势而建，南北走向，可瞰黄河。建筑分堡门、下院、中院、上院、西花园、贵妃池，自下而上，建在一条中轴线上。在这里，再现的不是"温泉水滑洗凝脂"的艳妃，而是天真活泼的少女杨玉环。当年玉环洗头的清水潭，如今依然池水清澈，水滑如脂。

让蒲州熠熠生辉的固态语言最生动的一处是鹳雀楼——高居中华四大历史文化名楼之首。亦雄踞于古蒲州之最西端。俯瞰黄河，背依条山，脚

踏荒滩。

历史去了，蒲坂还在。诗人逝去，作品还在。古人远了，我们还在。蒲坂，这个与历史始终纠缠着的地方，以丰厚的文化积淀，庞大的传说体系，连续的历史故事给后人提供了一场丰富的历史文化大宴。

透过历史的烟云，我们仿佛还能看见，在蒲州晴朗的天空下，在蒲州繁华的城乡土地上，祭祀、佛事、工业、农业、纺织业、旅游、娱乐、休闲在有条不紊地进行……感谢历史，感谢先祖，感谢黄河，给我们留下如此厚重的历史文化。我们不仅拥有蒲州的过去，也拥有蒲州的现在与未来。执著地保护蒲州，就是保护我们的华夏文明。热情地发展蒲州，就是给了华夏祖先一个沉甸甸的承诺，给了自己一份继承他们辉煌的责任。

杨贵妃故里

第二篇　千载悠悠　鹳雀名楼

一、建年与沿革

鹳雀楼故址，在山西省永济市蒲州古城西门外的黄河岸畔，因时有鹳雀栖其上而得名。鹳雀楼创建于北周，经唐历宋，至元代楼身毁圮，仅存台基，明清季因黄河水患冲刷，台基也荡然无存，为存其基曾以古城西门楼，城西南角楼两寄其名。有关史料记载，分述于后。

《全唐文》中的记载

《全唐文》是清朝官修的唐人总集。其中有唐代诗人李翰《河中鹳雀楼集序》，文中描述了当时鹳雀楼的盛况："后周大冢宰宇文护军镇河外之地，筑为层楼，遐标碧空，倒影洪流，二百余载，独立乎中州。以其佳气在下，代为胜概。四方隽秀有登临者，悠然远心，如思龙门，如望昆仑。河南尹赵公受帝新命，宣风三晋，古贤好士，游人若归。小子承连帅之眷，列在下客，八月天高，获登兹楼，乃复俯视舜城，傍窥秦塞。紫气度关而西入，黄河触华而东汇，龙据虎视，下临八州。前辈畅诸题诗上层，名播前后。

山川景象备于一言。上客有前美原尉宇文邈，前栎阳郡郑鲲，文行光远，名重当时，吴兴姚系，长乐冯曾，清河崔邠，鸿笔佳作，声闻远方。将刷雨看天，追飞太清。相与言诗，以继畅生之作。命余记事，书于前轩。"

《集序》作者李翰，唐代诗人，工文学，擢进士第，上元中官卫县尉，天宝末房官韦涉俱荐为史官，为翰林学士。北周宇文护（557～571年）字刹保，孝闵帝受禅，以护为大冢宰，封晋国公。《集序》曰："北周宇文护镇守蒲州时，在黄河岸边筑层楼，傍窥秦塞，俯视舜城，楼体壮观，迥标碧空，至李翰作《集序》时，已逾二百余载，独立乎中州。"这段记述可知鹳雀楼的始建年代应是北周时期（557～571年），亦是宇文护驻守蒲州城的军事设施，应该是一座戍楼。到了唐代，河中府，闻名京师，宏壮华丽的鹳雀楼为府之巨观，成为登高之阁，雅集之堂。紫气西入，黄河东汇，使登临者有"如思龙门，若望昆仑"之感。《集序》中还记述了以文会友的盛事。这里不仅有"前辈畅当题诗上层，名播前后"，而且有文行光远，名重当时上宾贤达宇文邈、郑鲲等，还有声闻远方的名流才子姚系、冯曾、崔邠等的鸿笔佳作。由此可知，当时来自各地的文人雅士，冠盖游集，登临抒怀，题赋其上者，篇什甚众。这些都说明唐时的鹳雀楼成了中州大地上文人墨客展示才华的赛诗舞台。

《梦溪笔谈》中的记载

北宋科学家沈括在他的《梦溪笔谈》卷十五艺文二中载道："河中府鹳雀楼三层。前瞻中条，下瞰大河，唐人留诗者甚多，唯李益、王之涣、畅当三首能壮其观。"李益诗曰："鹳雀楼西百尺樯，汀州云树共茫茫。汉家萧鼓空流水，魏国山河半夕阳。事去千年犹恨速。愁来一日即为长。风烟并起思归望，远目非春亦自伤。"王之涣诗曰："白日依山尽，黄河入海流。欲穷千里目，更上一层楼。"畅当诗曰："迥临飞鸟上，高出世尘间。天势围平野，河流入断山。"

《梦溪笔谈》是北宋科学家、政治家沈括所著的笔记体著作，大约成书于1086～1093年，收录了沈括一生的所见所闻和见解，被西方学者称为中国古代的百科全书。沈括，字存中，杭州钱塘（今浙江杭州）人，嘉祐八年（1063年）中进士，神宗时（1068～1085年）累官太子中允，提举司天监、翰林学士。括博学善文，于天文、方志、律历、音乐、医药、卜算等，无不

宋·沈括《梦溪笔谈》

精通。《笔谈》中所述之鹳雀楼位于河中府，楼身三层，高耸凌空，向前瞻望巍巍中条山秀，向下俯瞰滔滔大河奔流。明确记述了鹳雀楼的具体位置和楼的宏伟规模，应该是沈括亲眼所见。"河中府鹳雀楼三层"这是文献中首次提到楼的外观结构。此时鹳雀楼已存世五百余年，说明宋代熙宁、元丰年间，该楼仍屹立如故。《笔谈》又云：唐代诗人于此题诗者甚多，唯李益"鹳雀楼西百尺樯"，王之涣"白日依山尽"，畅当"迥临飞鸟上"三首最佳，增添其雄伟壮丽之感。沈括《笔谈》记述的鹳雀楼与李翰的《集序》中的记载互为印证，难能可贵之处是说明了鹳雀楼的位置的确在河中府的黄河岸畔，更明确了楼身三层的结构和瞻中条、瞰大河的壮观气势。

元·王恽《登鹳雀楼记》中的记载

王恽（1227～1304年）元初文学家，字仲谋，卫州汲县（今河南卫辉）人。中统初（1260年）在承姚枢宣抚东平，累擢中书省都事，至元中（1264～1294年）拜监察御史，曾在山西做过地方官，官至翰林学士。王恽作《登鹳雀楼记》云："予少从进士，泌阳赵府君学。先生河中人，故少儿时得闻此州楼观雄天下，而鹳雀尤为之甲。及读唐季君虞、畅当、王之涣等诗，其澡思鸿载，令人飘飘然，有整翮凌云之想，凝一登而未能也。至元壬申春三月，由御史里行来官晋府，授承直郎平阳路总管府判官，因窃喜曰'蒲为属郡，且判府职……十月戊寅，奉堂移偕来伻，按事此州，遂获登故基。从倚盘垣，情逸云上。于是俯洪河，面太华，揖首阳，虽杰观委地，昔人已非，而河山之伟，风烟之胜，不殊于往古矣！'"

王恽作《登鹳雀楼记》说，学生时代的王恽就听说鹳雀楼名气很大，读了王之涣等人诗后更"令人飘飘然，有整翮凌云之想"。抒发了其对琼楼胜境的向往之情。到至元壬申（1272年）十月，"奉堂移偕来伻，按事此州，遂获登楼故基，从倚盘垣，情逸云上……虽杰观委地，昔人已非"。证明此时鹳雀楼楼身已毁，仅存台基故址了。尽管此时王恽登临的是鹳雀楼残存的台基，仍可以领略其高大壮观之景象。北周宇文护建造的鹳雀楼至元九年（1272年）已毁，它历经隋、唐、五代、宋、金五个朝代，存世达七百余载。

地方志中的记载

清乾隆二十年（1755年）《蒲州府志》卷三"纪事"条云："鹳雀楼旧在城西河洲渚上，周宇文护造。李翰有序云：宇文护镇河外之地，筑为层楼，迥标碧空，倒影横流，二百余载，独立乎中州，以其佳气在下，代为胜概。唐世诸公，多有题咏。历宋至金明昌时（1190～1196年）尚存。有河中府录事李逵书楼额。元王恽登鹳雀楼记云：'至元壬申（1272年）三月，由御史里行来官晋府，十年戊寅，按事此州，遂获登故址。徙倚盘桓，逸情云上，虽杰观委地，昔人已非。而河山之伟。风烟之胜，不殊于往古矣。是当元初楼已就毁。'旧志云：明初时，故址尚可按，后尽泯灭。或欲存其迹，以西城楼寄名曰'鹳雀'。"

清光绪版《永济县志》卷三古迹条载："鹳雀楼旧在郡城西南黄河中高阜处，时有鹳雀栖上，遂名。周宇文护造。李翰有序云：宇文护镇河外之地，筑为层楼，迥标碧空，倒影横流，二百余载，独立乎中州，以其佳气在下，代为胜概。唐世诸公尤多题咏，历宋至金明昌时犹存。有河中府录事李逵书楼额。元王恽登鹳雀楼记云：至元壬申三月，由御史里行来官晋府，十月戊寅，按事此州，遂获登故基，徙倚盘桓，逸情云上，虽杰观委地，昔人已非。而河山之伟，风烟之胜，不殊于往古。是当元初楼已就毁。旧志云：明初时，故址尚可按，后尽泯灭，或欲存其迹，以西南城角楼寄名曰'鹳雀'，有碑记在其上。"

上述方志记载，关于鹳雀楼的历史沿革，与李翰《河中鹳雀楼集序》和王恽《登鹳雀楼记》大同小异，其始建年代以及创建人，皆以中唐（766～827年）李翰《河中鹳雀楼集序》载文为准，即建于北周宇文护之手（557～571年）。楼废毁年代，应以元王恽《登鹳雀楼记》为据。至元九年（1272年）十月，王氏"按事此州，遂获登故基"，元初时楼身已毁，仅存台基。明清两代，黄河水不断泛滥，河床迁徙不定，蒲州城西域多次受河水冲刷，其楼基址也淹没了，方志中才有以西城楼与城西南角楼，两寄其名之载，明、清两代，

仍有众多文人学士作诗题咏。

综上所述，关于鹳雀楼的始建年代和历史沿革，我们大体可以得出如下结论：鹳雀楼的具体位置应在蒲州古城西南角外的黄河东岸。它始建于北周（557～571年）年间，由北周蒲州守将宇文护创建，原为一座军事建筑。唐宋两代鹳雀楼成为府之巨观和登高胜地，雄踞中州达七百年之久。元初毁于战火，楼基犹存。明清时期，黄河水患日剧，台基泯灭。鹳雀楼从始建迄今已有1400多年的历史，从北周到元初存世长达七百年之久。期间，按常理说，应有多次修葺或重建，但因未找到相关记载，不便妄加评说。

二、形制与规模

楼阁是我国古建筑中之精品，一般于临水高地而建，登之以获得"居高致远，穷目千里"之意境。它们通常都建得雕梁画栋，斗拱翻飞，富丽堂皇，雄伟壮观。往往与自然景观或园林景观相映相衬，相辉相托，给人以温馨神往、梦幻飘逸之美感。屹立在黄河岸畔的鹳雀楼亦无例外，同样具备以上特点。那么，历史上的鹳雀楼是个什么样子呢？关于它的外观形制和内部结构，可从现存文献中探寻。

中唐时期，诗人李翰《河中鹳雀楼集序》中记述："后周大冢宰宇文护军镇河外之地，筑为层楼，遐标碧空，倒影横流，二百余载，独立乎中州。"据此可知，北周创建的是"层楼"，历史上的鹳雀楼不是单层，而应是重楼，起码应该是两层之上。"遐标碧空，倒影横流"，描述了鹳雀楼雄踞大河，高大壮观的景象和登临一览黄河磅礴气势的浩然之情。

关于鹳雀楼的外观形制，北宋科学家沈括在《梦溪笔谈》中有明确的记载:"河中府鹳雀楼三层。前瞻中条,下瞰大河,唐人留诗者甚多,唯李益、王之涣、畅当三首能壮其观。"《梦溪笔谈》大约成书于1086~1093年间,收录了沈括一生的所见所闻和见解。在寻觅到有关鹳雀楼的记载文献中,他首次明确地记述了鹳雀楼的外观形制为三层,而且瞻中条,瞰大河,楼身高耸,气势凌空,这应是宋时鹳雀楼的实况。更为具体的是他指出"唐人留诗者甚多",而且强调"唯李益、王之涣、畅当三首能壮其观"。李益、王之涣、畅当均是唐代诗坛骄子,名重一时。李益诗:"鹳雀楼西百尺樯,汀州云树共茫茫。"王之涣诗:"白日依山尽,黄河入海流。"畅当诗:"迥临飞鸟上,高出尘世间。"这些家喻户晓传诵不衰的名句不仅增添了鹳雀楼的雄伟壮丽之感,而且指出了鹳雀楼应为层楼的真实写照。

中国古典诗歌发展到唐代,进入了一个黄金时代。中唐时期大历、贞元年间为唐诗的"再盛期"。这一时期咏楼题诗的还有卢纶,河中蒲州(今永济)人,诗以五、七言近体为主。耿沣,字洪源,河东(今永济)人,宝应(762~763年)进士,官右拾遗,工诗,对故乡的山川风貌很有感情。两位诗人均为"大历十才子"之一。晚唐时期的马戴,字虞臣,会昌间(841~846年)登进士第,大中初(847年)在河东道太原幕中掌书记,后官太常博士,诗风与贾岛相近。吴融,字子华,龙纪初年及进士第,为翰林学士,拜中书舍人。司马札、殷尧藩等亦有诗传世。众多诗人作诗题咏,更增加了鹳雀楼的声誉。

关于鹳雀楼的形制规模,根据方志"图考"中绘有的鹳雀楼图,其位于蒲州城外黄河岸畔,楼与蒲州古城西南角楼为邻,远处是山峦逶迤的中条山,近处是滔滔黄河水,绿柳环抱,景色宜人。仔细推敲,楼体应呈平面方形,楼身四檐三层。三层四周设平座回廊。整个楼身上下收杀甚大,

楼顶为十字歇山式，坐落在片石垒砌的台基上，外观与宋代沈括《梦溪笔谈》中"鹳雀楼三层"、"前瞻中条，下瞰大河"的描述完全相符。关于鹳雀楼的高度，从"图考"大势来分析，由于是木构楼阁，参照河东地区现存之万荣飞云楼和秋风楼的高度，鹳雀楼的高度应为 20～30 米。古建筑专家仔细研究方志图考后认为，方志为清版，图例为清代人所制，这时历史上的鹳雀楼早已不存，故图中明清手法甚多，如廊柱甚矮、翼角翘高，楼顶十字歇山式，且置鸱吻和垂兽，这些都是隋唐时期建筑规制上所没有的，但平面方形，外观四檐三层，与文献所述和隋唐建筑形体基本吻合，是重建鹳雀楼设计工作的科学依据。

历史上的鹳雀楼

三、王之涣与《登鹳雀楼》

王之涣（688～742年），原籍太原，北魏时他的高祖王隆之官任绛州（今新绛县）太守，举家迁至绛郡，遂为绛州人。他年轻时不安于学塾苦读，耻于走科场考取之路，而是结交豪门子弟，习武练剑，架鹰打猎，开怀饮酒，慷慨悲歌，颇具侠士之风。后来他改变志向，读诗作文，经人举荐当了冀州衡水县（今河北冀县）主簿，就是秘书记室之类的职务。任职期间，遭人诬陷，要辩白，要澄清，要请求从轻发落。他不耐其烦，索性弃官而去。他不屑于科场，也看透了官场，于是书剑飘零，周游天下。他沿着黄河逆流而上，遍览祖国大好河山，赏尽旖旎的自然风光，也体尝了下层人民的苦难生活。山川河流，晨曦晚霞，在他的笔下，都是一首首壮美的诗章。十年之间，他诗名大震，成了盛唐时期一位重要诗人。他比李白、王维大13岁，比杜甫大24岁，比王昌龄也大10岁。在他们面前，他已经是老资格的前辈诗人了。

戎马戍边，是多少男儿的志向。王之涣虽然没有能够从军，但他的足迹，也走进了西北边塞。大漠戈壁，孤烟直上，胡笳劲吹，铁马金戈，诗人热血奔涌，诗人豪情奔放。一组《凉州词》喷薄而出，最著名的一首是《凉州词·出塞》："黄河远上白云间，一片孤城万仞山。羌笛何须怨杨柳，春风不度玉门关。"远处的黄河蜿蜒而去，仿佛悬挂在白云之间，眼前的大漠戈壁簇拥着巍然高耸的关城，劲风传来胡笳羌笛哀怨的曲调，戍边征人强烈的思乡之情氤氲蔓延。这一切感动着诗人，也感动着千万读者。诗人笔下荒凉的边疆，孤苦的环境，戍边的责任，思乡的心情，使读者眼前出现了一幅苍凉而悲壮的图画，使读者耳旁响起一支凄楚而昂扬的乐曲。这种边塞诗，在当时很流行，许多诗人都写过很好的诗篇。比如王昌龄的

《从军行》："青海长云暗雪山，孤城遥望玉门关。黄沙百战穿金甲，不破楼兰终不还。"还有王翰的《凉州词》："葡萄美酒夜光杯，欲饮琵琶马上催。醉卧沙场君莫笑，古来征战几人回？"而王之涣的《凉州词》独占鳌头，成为唐诗的翘楚，也成就了诗人顶尖级别的诗坛地位。

他的诗被谱入乐曲，街头闾巷，酒肆茶楼，还有青楼歌榭到处有人传唱。那时候的诗，都是能唱的。《凉州曲》是当时的流行曲调，而他的诗，就是为这个曲子填写的歌词。盛唐时代，所有文化形式都是繁荣的，除诗和传奇外，还有音乐。特别是首都长安，丝竹管弦，燕语莺声，不论白天黑夜，都在四四方方的长安城上空缭绕。

有一天，长安城一处繁华大街，一家酒肆旗亭来了三个举止洒脱的人。掌柜的，知道他们是有名的三位诗人，就殷勤地招待他们。过了一会，又来了几位衣饰华贵的客人，还带来几个歌女，就坐在邻桌。酒菜上齐，歌女们调弦弄管，就要开始唱了。三位诗人中年龄较次的一位建议，今天最美丽的那个歌女唱谁的诗，谁便是诗坛老大。其他两位觉得有趣，欣然同意。一会儿那边开始，器乐果然动听，歌声果然婉转。第一个歌女唱道："闺中少妇不知愁，春日凝妆上翠楼。忽见陌头杨柳色，悔教夫婿觅封侯。"（王昌龄：《闺怨》）年纪较次、提出建议的那位诗人得意之色，溢于言表，就在墙壁上画了个记号。接下来另一个歌女唱的是："千里黄云白日曛，北风吹雁雪纷纷。莫愁前路无知己，天下谁人不识君？"（高适：《别董大》）最年轻的那位诗人，简直就要跳起来，也在墙壁上画了个记号。

又有两个歌女轮流唱过，唱的分别还是王昌龄、高适的诗，年纪较轻的和最年轻的两位又轮流高兴一回，去作了一次记号。只有年纪最长的那位，还在静静地喝酒，耐心地等着。这时候，最年轻的诗人对最年长的诗人说："每次比较，都是我们甘拜下风，今天比试，老兄就名落孙山了。"
最年长的诗人很有把握地笑了："我们说的是那个最美丽的歌女。她唱的
如果不是我的诗，我就再也不和你们比试了。"说来也是，那位容貌仪态
最美丽的歌女，直到这时还没有开口呢。

等到最后，终于轮到最美丽的那位歌女唱了。伴奏的乐工更庄重了，
衣着豪华的客人也都停下吃酒与谈笑，神情专注起来。当然三位诗人也都
注意地听。只见那位美丽歌女款款站起，慢启樱唇，声音果然不同凡响：

"黄河远上白云间……"

最年长的诗人笑了，另外两位诗人向他伸出了大拇指。

一连唱了三首。唱完后，衣着华贵的人物和歌女们看见他们举止不凡，
品诗谈笑，就打听他们的姓名。酒肆掌柜赶紧给大家介绍。原来这二位诗
人，年长的是王之涣，其次是王昌龄，年轻的是高适，都是当红的诗坛明星，
长安城里，正流行歌唱他们的诗呢。她们今天唱的诗，恰巧都是他们写的。

旗亭画壁

旗亭比试之后，王之涣向王昌龄
与高适告别，他要回故乡了。游历已
久，他要回去看看家人。更重要的是，
他还有一个存在心里很久的想法，回
家途中，一定要去蒲州一游。

鹳雀楼，矗立在蒲州城西南黄河
中流的沙洲上。楼高三层，台基坚固，
重檐翘角，楼体巍然。它俯视黄河滔滔，
远眺条山巍巍，十分壮观秀丽。特别是
映衬着周边的山川形胜，更显得它高耸

巍峨，使它成为祖国北方登高览胜的著名楼阁。鹳雀楼修建于北周（557～571年）时期，北周大将军宇文护镇守蒲州，其时军事频仍，为便于瞭望军情，就在黄河中洲修建了这座三层楼阁。黄河滩涂有一种水鸟，称作鹳雀，有黑色，也有白色，两腿修长，其喙尖利，伫立浅水滩一动不动。小鱼小虾不知危险，放心游来，就成了它们的美餐。河边居民把它们称作"老等"。这些鹳鸟常常成群结队栖于楼上，遂改名为鹳雀楼。到唐时，鹳雀楼经过整修，越发工制壮丽。蒲州表里山河，景观密集，而鹳雀楼，更是蒲东风光之最。

这天黄昏，我们的诗人来到了鹳雀楼下。游人已经散去，喧闹的景区已经安静下来。偌大的台基上，似乎只有他一个人。他仰望楼顶，在想些什么呢？他来到蒲州地面，来到鹳雀楼，就仅仅是要休闲游览一番么？他是第一次来还是已经来过多次？是官场繁冗游宦外乡缘悭一游，还是来过多次不敢轻易下笔？现在，他不再是当年任侠仗义笑傲江湖的青年游侠，也不再是沉迹下僚才士困厄的落魄书生。他的思想已经十分成熟，他的性格已经十分稳健，更重要的是他的诗名已盛，他已是唐代诗坛顶尖级别的诗人。这一次来到蒲州，来到蒲州风光之冠的鹳雀楼，他按捺得住胸中奔涌的诗情么？

他还有一层一直念念于怀而又没有说出口的心思。他十分钦佩的前辈诗人王勃，是他的同郡老乡，也是他心仪已久的楷模。那真是一代少年早慧，冠世英才啊！真不愧是唐代诗风的开创者，不愧是"初唐四杰"的领衔人物啊！他从小就读过这位前辈同乡的诗："城阙辅三秦，烽烟望五津。与君离别意，同是宦游人。海内存知己，天涯若比邻。无为在歧路，儿女共沾巾。"（王勃：《送杜少府之任蜀州》）他觉得，这位同乡的诗，简直就是为他而写的。他已年近半百，安定居官的时候少，出游江湖的时候多。他结交了多少文朋诗友，又有多少次相聚和离别啊，那辛酸和喜悦，那无奈和洒脱，都写进这首诗里去了。更引起他衷心敬服的，是王勃写的那篇《滕王阁序》，那奇思异想，那绮辞丽句，真是文采风流，凌云健笔啊。这篇写于他出生12年前的佳作，许多精辟名句都深深铭刻在他的心里：

——落霞与孤鹜齐飞，秋水共长天一色。

——渔舟唱晚，响穷彭蠡之滨；雁阵惊寒，声断衡阳之浦。

——老当益壮，宁移白首之心？穷且益坚，不坠青云之志。

——无路请缨，等终军之弱冠；有怀投笔，慕宗悫之长风……

前辈同乡成了他高山仰止、景行行止的高峰。一座滕王阁，尽管它坐落在洪州之郊，赣江之畔，尽管它绿瓦红柱，重檐尖顶，原本也不过是一座普通楼阁，一篇《滕王阁序》让它名扬天下，成为江南名楼。而今我登鹳雀楼，可不可以像前辈同乡那样，有一番作为呢？

还有，不久前他在长安听到的一则诗坛佳话，也在炙烤着他的心。诗友们在津津乐道的时候，只有他在一边暗暗思忖。一位比他年轻得多的诗人崔颢，去长江岸边武昌城游历。一个读万卷书、行万里路的诗人，到了武昌，自然要去登登黄鹤楼。没有想到，这个在诗坛并无多大名气的诗人，竟写出了这样一首诗："昔人已乘黄鹤去，此地空余黄鹤楼。黄鹤一去不复返，白云千载空悠悠。晴川历历汉阳树，芳草萋萋鹦鹉洲。日暮乡关何处是？烟波江上使人愁。"

真是好诗！遥远的神话，眼前的美景；鹤去楼空，白云悠悠；千年沧桑，心内寂寞；暮色沉沉，乡愁淡淡……都被他信手写来，何等心胸，何等笔墨！说实话，他被这首览胜诗震撼了。作为老一辈诗人，他结识了多少诗人？读

过多少好诗？这样年轻的诗人，写出这样的好诗，真是后生可畏！他一向自负自己坐在当今诗坛顶尖位置，见到这首诗，他有了一种岌岌可危的感觉。

更让人们饶有兴味的是那位后起之秀、当红诗人李白。听说李白也登上了黄鹤楼，看到了墙壁上题写的崔颢的诗，心中叹服。他原本是要写诗的，看了这首诗，只觉得俯瞰沔汉，远眺长江，汉阳绿树，鹦洲芳草，此情此景都被崔颢说尽，修已不须修，补已不须补，添已不可添，减已不可减，再怎么写，也无法望其项背。于是李白扔了笔，长叹一声："眼前有景道不得，崔颢有诗在上头。"然后怅怅不已，怏怏而去。王之涣不由要想，要是他去黄鹤楼，能不能写呢？是不是也要和李白一样，有景道不得呢？如果他登上另外一座楼阁，能写下怎样一首诗呢？

这是他这一阵子心里挥之不去的情结，是他登鹳雀楼前的思想背景。现在，他的心绪，像黄河波浪一样翻滚，也像江河行地一样确定：如果他的人生也有一个辉煌季节，那么，这个季节也许就在蒲州，就在鹳雀楼上。

终于，他定了神，静下心，迈出了第一步，开始了这次历史性的攀登。

第一层，只见河水汹涌，蒲草翻浪。

第二层，只见城郭市井尽收眼底，梵宫道庙历历在目。

累么？累了。年过半百的他，已经气喘吁吁，已经腿脚沉重。但是，他的诗还没有酝酿成熟，他还没有找到诗情奔涌的出口，就像火山爆发的那个出口。

上，再上，登上顶层去。鹳雀楼是他诗歌的顶峰，也是他人生的顶峰。那上面，是泰山极顶，有红日喷薄；那上面，是峨嵋之巅，有金色佛光。

鹳雀楼——珠穆朗玛！那上面，有风光无限！

一级，再一级……还有五级。

上！五、四、三、二、一！

到了！第三层！果然极目八荒！果然四面来风！时已黄昏，太阳已没有了炙热和火红，就像一轮白色的铜镜沿着中条山西端渐渐落下；滔滔黄河，奔涌不息，仿佛一条黄龙朝着远远的大海滚滚流去。什么城郭村庄，什么市井人家，反而看不见了，在这高高的顶层，只有这天空，这远山，这落日，这大河。

这才是自然的大景观！这才是人生的大境界！

是诗人的有意选择，还是冥冥中艺术之神的特意安排？斯楼，斯人，斯时；此思，此情，此景——一颗艺术钻石千年一遇地即将迸出生活的矿床。

站在鹳雀楼顶层的西南方向，阵阵河风扑面，阵阵涛声灌耳，极目远望，他的心也仿佛跳出了胸腔，腾空而起，向远方飞去！

蓦然，灵光一闪，像热泉喷涌，如神思飞来，从他内心的最深处，流出了滚热的诗句：

　　　　白日依山尽，黄河入海流。

　　　　欲穷千里目，更上一层楼。

只前十个字，便写尽诗人眼前广袤大地，秀丽河山：远处，一轮夕阳渐渐落进了连绵起伏的群山中，晚霞给逶迤的山势勾勒了一道金边，映衬了一幅胭脂红的天幕；近处，浩浩荡荡的黄河似乎从天边奔泻而来，在暮霭中仿佛古铜色的河水波翻浪涌，奔腾激荡，向着东方的大海滔滔而去。天空，大地，远山，近河，全收眼底；落日山河，壮阔苍茫，尽在笔端。仿佛一幅画，辽阔壮美，意境深远。后两句诗，由前面的景物描写转入情感抒发，揭示了朴素又深邃的哲理，含蓄双关，婉转深刻：极目才可骋怀，站得高才望得远。诗中饱含着诗人对美好大自然的热爱，表现了他旷达豪

放的心境，也表达了诗人冲破名缰利锁的人生态度和高远超拔的思想境界，反映了诗人积极进取的精神和高瞻远瞩的襟怀。真是"短短二十字，前十字大意已尽，后十字有尺幅千里之势"。（清，佚名）

诗人的一生是委顿坎坷的一生，是郁郁不得志的一生，是书剑飘零放浪形骸的一生，满腹的诗书却没有金榜题名，志大才高却没有得到重用，一般的文人，早已牢骚满腹唉声叹气，早已颓唐萎靡消极混世，何况，他已是50岁的人了。按照当时的一般情况，已是快要名将还山贤臣归里的时候了。而我们的诗人，还是这等胸襟，这等境界。什么官高职显，什么家财万贯，什么高车大马，什么俊仆艳婢，不都是过眼烟云。岁月如流，人生如梭，生命只是一个过程，境界才是人生要义。诗人的追求是诗，是艺术。孜孜苦苦，梦寐以求，呕心沥血，废寝忘食，"人人意中有，人人语中无"，"吟安一个字，拈断数茎须"，也就是要登上那至高的艺术境界，也就是实现了自己的人生价值。不论得意失意，不论达官穷儒，这是多少文人诗家的一生追求，又有几人能达到这样的境界，实现这样的成就呢？

"王之涣极目千里"塑像

王之涣达到了，王之涣实现了。艺术女神的彩球，落到了他的怀里；艺术之巅的明珠，拿到了他的手中。不论当时还是后人，在唐诗的高峰巡览，目光都会锁定他的《登鹳雀楼》。无论怎样评价它，都不会过高。直到今天，我们还能感受到这每一个字的热度。这是因为，这每一个字，都是用心血铸成的。

鹳雀楼夕照

这二十个字,加上《凉州词》的二十八个字,共四十八个字。

四十八个字,压倒整个唐诗!

是蒲州玉成了他。没有蒲州,没有鹳雀楼,便没有这一诗中极品。

于是,鹳雀楼,就荣幸地成为唐诗高度的标志。

《登鹳雀楼》很快就风靡全国。鹳雀楼成了诗人们的艺术圣殿,成了诗人们心目中的耶路撒冷。许多诗人怀着"朝圣"般的心情纷纷来到这里,也争先恐后地写下一首首登鹳雀楼诗:

> 迥临飞鸟上,高出尘世间。
>
> 天势围平野,河流入断山。

    ——畅当:《登鹳雀楼》

> 鹳雀楼西百尺樯,汀洲云树共茫茫。
>
> 汉家箫鼓空流水,魏国山河半夕阳。
>
> 事去千年犹恨速,愁来一日即为长。
>
> 风烟并起思乡望,远目非春亦自伤!

    ——李益:《同崔邠登鹳雀楼》

> 久客心常醉,高楼日渐低。
>
> 黄河行海内,华岳镇关西。
>
> 去远千帆小,来迟鸟独迷。
>
> 终身不得意,空觉负东溪。

    ——耿沣:《登鹳雀楼》

> 尧女楼西望,人怀太古时。
>
> 海波通禹凿,山木闭虞祠。

鸟道残红挂，龙潭返照移。

行云如可驭，万里赴行期。

——马戴：《鹳雀楼晴望》

楼中见千里，楼影入通津。

烟树遥分陕，山河曲向秦。

兴亡留白日，今古共红尘。

鹳雀飞何处？城隅草自春。

——司马札：《登河中鹳雀楼》

高楼怀古动悲歌，鹳雀今无野燕过。

树隔五陵秋色早，水连三晋夕阳多。

渔人遗火成寒烧，牧笛吹风起夜波。

十载重来值摇落，天涯归计欲如何！

——张乔：《河中鹳雀楼》

鸟在林梢脚底看，夕阳无际戍烟残。

冻开河水奔浑急，雪洗条山错落寒。

始为一名抛故国，近因多难怕长安。

祖鞭掉折徒为尔，赢得云溪负钓竿。

——吴融：《登鹳雀楼》

这些诗人都是名重当时，他们的诗，应该说都是好诗。但是，把他们的诗同王之涣的诗放置在同一个平台上，就立见高下。他们都是喜马拉雅的山峰，而珠穆朗玛，就是珠穆朗玛！《登鹳雀楼》，不可超越的高度。

本节选自王西兰《大唐蒲东》

第三篇 旷世盛举 古楼新韵

一、前期筹备

2002 年 9 月，湮没了 700 余载的中华名胜——鹳雀楼，又奇迹般地屹立在山西省永济市境内的黄河东岸。2003 年 12 月，该楼重建工程荣获国家建设部颁发的中国工程质量最高奖"鲁班奖"。2004 年 11 月该工程又荣获第四届詹天佑土木工程大奖。鹳雀楼的重建，是采用现代施工技术、现代建筑材料构筑的大型仿唐式高台楼阁。整体建筑以高台为基，外观四檐三层，总高 73.9 米。主楼共分九层，其中台基三层，高 16.5 米，建筑面积 25000 平方米。楼身共六层，高 57.4 米，建筑面积 8222 平方米。楼内仿唐形制与文化陈设成为一个和谐的艺术整体，以灿烂悠久的黄河文化为主线，形成"千里穷目"的非凡意境，使其成为黄河流域的唯一标志性建筑和展现源远流长的黄河文化长卷的艺术殿堂。

盛世多壮举，十年铸辉煌。鹳雀楼的重建，是一个跨世纪的旅游开发工程，亦是华夏文明传承、创新和建设的典范。它经历了五年筹建，五年施工的艰辛历程。建设者们肩负时代重任，顽强拼搏，开拓进取，将一座

传统文化的高层木构楼阁做成钢筋混凝土结构的仿古高台楼阁，为中国传统古建筑的发展积累了新的经验。雄伟壮丽的鹳雀楼，它是一座无言的丰碑，永远记载着为中国古建艺术新发展、再创新、再攻关的设

鲁班奖标志

鲁班奖奖牌

第四届詹天佑土木工程大奖证书

计和建设者的功绩，永远记载着为传承文明，弘扬祖国优秀传统文化而奋斗的黄河儿女的业绩。

重建工程的提出

鹳雀楼又名鹳鹊楼，与武昌黄鹤楼、洞庭湖畔岳阳楼、南昌滕王阁一道，被誉为我国古代四大历史文化名楼。

鹳雀楼，位于山西省永济市古蒲州城西的黄河岸畔，因时有鹳雀栖其上而得名。据史料记载，鹳雀楼始建于北周，历经隋、唐、五代、宋、金，存世700余年，元初废毁于兵燹。历史上之鹳雀楼高台重檐，楼体壮观，加之地处大河之滨，风景秀丽，当是中州大地登高览胜的好去处，历代文人骚客登临抒怀留下了许多不朽诗篇。其中最为传世的佳作首推唐王之涣的五言绝句《登鹳雀楼》。随着"白日依山尽，黄河入海流。欲穷千里目，更上一层楼"的传颂，鹳雀楼也随着这首催人奋发向上的千古绝唱而名扬天下，几乎成了中华民族优秀文化的象征。

改革开放的大潮，给鹳雀楼雄姿再现提供了大好的契机。随着我国旅游业的迅速发展，越来越多的中外游客寻觅这一中国古代文明的标志，以满足其文化和精神方面的要求，领略当年诗人登眺之美的情趣和诗的深远意境。然而，由于楼毁景失，人们只能望河兴叹，空留下无尽的遗憾。20世纪90年代初，欣逢盛世，中华崛起，永济县委、县政府清醒地认识到，重建鹳雀楼已成为当时社会的历史使命，它不仅是一项功在当代、利在千秋的传世盛举，更是文化振兴、经济腾飞的良好先兆。从永济县情出发，为

"第四届詹天佑土木工程大奖"詹天佑像

了发展旅游产业，振兴地方经济，决定重建鹳雀楼。此项工作由市旅游局承担前期筹建，并委托山西省古建筑保护研究所进行项目可行性研究和复建方案的编制工作，从而拉开了鹳雀楼重建工程的帷幕。

旅游地学专家们的倡议

要恢复一座被历史长河湮没长达700余载的中华名胜鹳雀楼并非一件易事。筹建工作刚一开始就遇到了众多难题，其首要问题是历史资料匮乏。鹳雀楼与江南三楼在历史沿革资料方面存在着很大的差异，江南三楼几乎历代均有修葺，历史沿革和建筑形制都有较为翔实的记载，而鹳雀楼自北

周始建至元初废毁的700年间，由于黄河泛滥，河道迁徙不定，没有寻觅到重建的资料，历史典籍和地方志中只有粗略的记载。这就为鹳雀楼的复原设计、文化定位、施工工艺等方面都带来了困难。

正当筹建工作一筹莫展之际，适逢全国第六届旅游地学学会研讨会在运城召开。1991年9月，中国旅游地学研究会秘书长李维信、北京大学地理系教授陈传康、北京师范大学地理系教授卢云亭等全国二十个省、市86名专家学者，来到运城地区实地考察，调查研究。与会代表在永

新建鹳雀楼

鹳雀楼夜景

济期间，考察了国家级风景名胜区五老峰，参观了新近复原建设的《西厢记》故事的发生地普救寺以及新近出土的蒲津渡遗址和黄河大铁牛。永济深厚的文化底蕴和悠久的历史引起了与会专家学者的极大兴趣，当时永济县委、县政府关于重建鹳雀楼的设想在专家学者们中间产生了强烈的反响。

研讨会上，代表们踊跃发言，献计献策。他们从传承中华文明的高度，畅谈了重建鹳雀楼的深远意义；从深圳《锦绣中华》四大名楼区的策划经过到鹳雀楼的缺失；从王之涣《登鹳雀楼》一诗的艺术魅力，深邃的文化内涵到它在国内外的广泛流传和深远影响；从江南三楼重建后所取得显著的社会和经济效益，展望鹳雀楼重建后促进河东经济腾飞的光辉前景；从鹳雀楼重建艺术质量要求到创建客源市场操作性强的措施。与会代表纷纷表示，愿为四大名楼中缺失的鹳雀楼在祖国大地上重现光华而效力。最后，与会的86名专家学者联袂提出了重建全国历史名楼鹳雀楼的倡议。

由于王之涣《登鹳雀楼》一诗深邃的文化内涵和它经久不衰的知名度，旅游地学专家们确认鹳雀楼为中国古代四大名楼之首。同时，专家们还给复建工程的筹备工作指明了方向，提供了有关资料，更进一步增强了地方政府重建鹳雀楼的信心和决心。

江南三楼的学术考察

鹳雀楼重建工程前期准备工作启动的时候，江南三楼中最后重建的南昌滕王阁已经竣工对外开放两年了。山西省古建筑保护研究所承担了鹳雀楼重建工程方案设计任务后，考虑到此项任务的艰巨性和复杂性，一方面查阅有关历史典籍资料，寻觅有关鹳雀楼的文字记载；另一方面提出赴江南三楼作学术考察，以学习和借鉴外地恢复古建筑的新鲜经验。

1992 年 3 月 3 日，由山西省古建所长、古建筑专家柴泽俊先生带队，古建所第三设计室主任、工程师吴锐、永济市旅游局局长全毅参加的考察小组，奔赴江南三楼参观学习，实地考察。考察小组冒着初春的严寒，昼夜兼程，十天时间行程五省四市八千公里，先后到武昌黄鹤楼、湖南岳阳楼、南昌滕王阁以及九江市的浔阳楼考察学习，以期寻觅古代楼阁复原建设的经验。

考察期间，每到一地都与工程部的工程技术人员和总设计师们座谈交流，全面了解江南名楼的兴废历史、文化内涵、建筑形制、结构特点，重点调查每座楼阁重建的总体策划、方案设计、专家论证、资金筹措、申报立项、施工难点，以及内部文化陈设、景区管理、经济效益等情况。当代重建之滕王阁，是一座钢筋混凝土仿木结构的宋式建筑，施工图纸设计是在 1942 年梁思成、莫宗江先生所绘的重建草图基础上进行调整和完善的。考察组在滕王阁会见了该工程建筑设计总工程师陈星文、文化学者宗九奇诸位先生，听取了专家们对滕王阁重建全过程的介绍。首先是南昌市委、市政府十分重视此项工程，市长程安东担任重建滕王阁委员会主任，组建由 37 名成员参加的强有力的领导班子。其次，为了恢复滕王阁的仿宋建筑形制，除了研究宋《营造法式》外，还带领工程设计人员二上山西五台山，作学术性考察。滕王阁设计为钢筋混凝土框架结构，歇山式重檐大屋顶。为了保证施工质量，他们认真考察，选择了技术力量雄厚的施工队伍。滕王阁主体框架结构工程由南昌市第三建筑公司承担施工，古建装修部分由江苏常熟市古建筑公司承担施工，油饰彩绘工程由西安市古建公司负责，从而保证把滕王阁建成国家一流的仿宋式古建筑。他们还把设计和施工中

遇到的技术性难题，以及混凝土仿木构件一次预制成功，安装后不搞二次粉刷的做法以及楼内文化陈设等情况，进行了详细介绍。

江南三楼的学术考察，特别是黄鹤楼、滕王阁重建工程的施工图纸的设计、施工队伍的选择、地基处理方案、施工技艺以及古建装修等做法，都为鹳雀楼的重建工程提供了十分可贵的经验。

重建方案编制和专家论证

江南三楼学术考察结束，考察人员向县委、县政府作了专题汇报，并详细汇报了鹳雀楼有关资料的搜集情况。县委、县政府研究决定，鉴于鹳雀楼始建于北周、兴盛于唐代以及唐时著名诗人题咏最多的文化特色，决定其重建方案应依据唐代形制进行设计，并力争当年8月底完成，9月份申报立项。

1992年4月，山西省古建所长柴泽俊带领总工吴克华、张殿卿，高级工程师吴锐、张恩先一行五人来到永济安营扎寨，开始了鹳雀楼重建方案的编制工作。设计人员对搜集到的有关资料进行了综合分析，并在对原楼址多次实地考察后，初步选定了重建楼址，确定了它的地理位置，四周环境，外观形制和登楼后应有的意境。

中国古代的四大名楼，虽地域分布、始建年代、造型结构、历史沿革各不相同，但共同之处是楼以诗文而传承，屡经沧桑兴废之变。黄鹤楼历代屡经重葺，滕王阁历史上兴废二十八次，岳阳楼屡毁屡建多达三十余次，唯有鹳雀楼始建至废毁700余载未经重修，其形体规制和结构特征，古文献中又很少论述，增加了重建设计的难度。纵观我国的古建筑文化，北方和南方古建筑在造型和风格上有着明显的差异。南方以秀丽端庄为主，精致而典雅；北方以雄浑古朴取胜，凝重而和谐。鹳雀楼位于黄河岸畔，此次重建应有我国北方建筑古朴劲健的风韵，又要有黄河文化宏伟壮丽的雄姿。北宋科学家沈括的《梦溪笔谈》中记载："河中府鹳雀楼三层，前瞻中条，下瞰大河。唐人留诗者甚多，唯李益、王之涣、畅当三首能壮其观。"这应是当时鹳雀楼的原有状况。这一记载与唐代王之涣、畅当、李益等诸诗家诗词以及当地《府志》、《县志》中的文字记载和图例形制基本吻合，成为此次重建鹳雀楼的设计依据。同时，参考敦煌壁画中唐代楼阁建筑图案和国内现存唐代建筑实物测绘研究资料，使鹳雀楼恢复唐代形制的设计，更加可行和可靠。

经过三个月的紧张工作，鹳雀楼重建工程的规划方案已经完成，为了便于专家们的筛选，规划方案设计图形作了两种。新规划的楼址仍在蒲州古城西南黄河岸边，由于黄河故道的变迁，新楼址即在原楼址向西移动 2.5 公里的黄河滩涂上。这里前瞻中条，西瞰大河，景观致为可佳，极有诗情画意。主楼建筑造型为仿唐高台楼阁，三层四檐，底层环廊，四出抱厦，腰间置平座，庑殿式屋顶。按照唐代惯用做法，主楼四周环以围廊，形成楼院，楼院四隅建以角楼，正面设门楼三座，背面设门楼一座。

鹳雀楼设计总高 73.9 米，其中基座 16.5 米，楼身高 57.4 米。基座外观二层，底层为楼基，四向出月台，周设勾栏，踏步阶级转折攀登而上；上层楼基较底层高出 2 米，平台略呈方形，周设栏杆，以供游人四向眺望。楼身面宽九间，进深七间，底层围廊、门楼、楼体本身均为钢筋混凝土仿古建筑结构，坚固、经济、防火，外表施以油饰断白和仿唐式彩绘，楼顶鸱吻用绿色琉璃制成，瓦件、套兽、戗兽皆为灰色。各部分构造，严格遵循唐代规制施工。

同年 7 月 15 日、16 日，永济县委、县政府在县城召开了鹳雀楼重建方案论证会。会议由国家建设部著名建筑学家郑孝燮、国家文物局专家组组长罗哲文主持，来自国家文联出版公司、山西省计委、山西省建设厅、山西省古建所、山西省规划设计院、黄河小北干流管理局以及运城和永济两级政府的 26 名领导和专家参加了

著名古建专家郑孝燮先生（中）、罗哲文先生（右）与鹳雀楼总设计师柴泽俊先生（左）在永济合影

论证会。会议期间，永济县政府向与会专家汇报了鹳雀楼重建前期筹备情况，设计单位对鹳雀楼的规划设计作了说明。与会专家实地考察了初步选定的楼址，对规划方案进行了科学严谨的论证，并取得了基本一致的意见。

会议认为，永济县委、县政府倡导的鹳雀楼复建工程，不愧为一项功在国家、利在人民的传世盛举。它的建成，对于振兴河东乃至周边地区的经济和当地旅游事业的发展，都将起到巨大的推动作用，具有极大的现实意义和深远的历史意义。经过认真论证比选，与会专家一致认为，现有规划方案应予肯定，按照唐代建筑形制规划设计是可行的。楼体要尽量丰腴肥美，现行设计第二方案为佳，局部屋顶装修需进一步修改完善。会议还对该工程楼址的地质勘察、水文资料的掌握、多渠道筹措建设资金、尽快组建专门的组织机构，作好鹳雀楼及邻近景观在内的总体旅游规划以及上报立项事宜，提出了操作性极强的意见和建议。

鹳雀楼复建方案论证会，成了名楼重兴盛会，与会专家学者无限兴奋，郑孝燮先生在永济参会期间夜不能寐，遂赋诗二首，以示庆贺。

（一）

景以诗传鹳雀楼，千年绝唱忆蒲州。

黄河入海催今古，风雨连舟赖铁牛。

（二）

争道中华第一楼，白云鹳雀两悠悠。

沧桑历尽情不尽，再望黄河入海流。

从事中国古建筑研究与保护六十多年的罗哲文先生也是兴奋不已，并以“喜鹳雀楼即将重兴”为题，赋七绝一首：

郑孝燮先生诗稿

永济拙句几首
郑孝燮
喜闻重建名楼
景以诗传鹳鹊楼，
千年绝唱忆蒲州。
黄河入海催今古，
风雨连舟赖铁牛。

争道中华第一楼，
白云鹳鹊两悠悠。
沧桑历尽情无尽，
再望黄河入海流。

罗哲文先生诗稿

国家文物局
故郡凋零勝蹟殘
黄河如舊日依山
今朝共議重興計
指日高樓復大觀
羅哲文
一九九二年四月十六日
于永济招待所

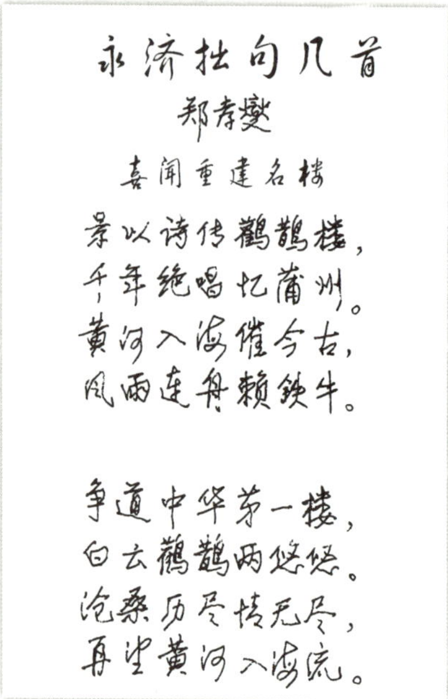

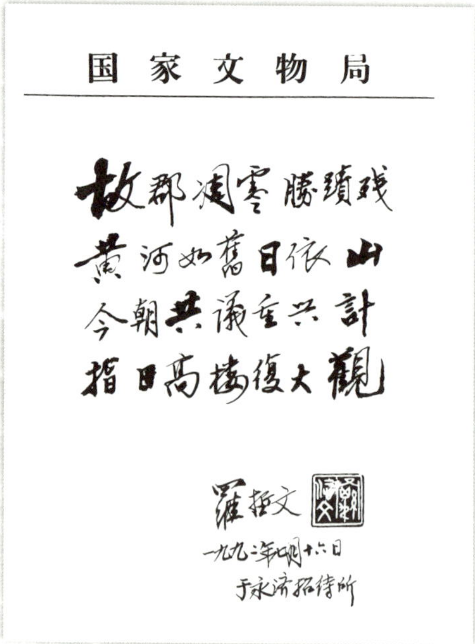

序云："一九九二年七月十五日、十六日，在山西永济参加了重建鹳雀楼之方案论证会，并至唐代鹳雀楼旧址及拟选之重建新址进行了实地考察，初步选定了在离故旧址不远蒲州古城遗址西南之大河岸边。并审定了以唐代风格为准之建筑形式。已经淹没了八百年之千古名楼又将重放光辉，让世人目睹芳华，作为一个五十多年来从事中国建筑之研究与保护者参与名楼重兴之盛会，睹此情景，至为欣奋，不能无辞以记之，因成小诗一首，以为祝贺，以志不忘。"诗云：

故郡凋零胜迹残，

黄河如旧日依山。

今朝共议重兴计，

指日高楼复大观。

这些发自肺腑的唱和，表达了老一辈建筑专家期盼千古名楼早日重放光华的迫切心情，也极大地激励了肩负时代重托、创建千秋伟业的建设者们。

二、盛世重兴

鹳雀楼始建于北周，楼体壮观，结构奇特，前瞻中条，下瞰大河，气势雄伟，风景秀丽，不仅是人们登高望远、极目山河之胜地，也是黄河的标志和象征。尤其王之涣《登鹳雀楼》一诗中蕴涵的人生哲理，更是催人奋进，耐人寻味，激励着炎黄子孙奋发向上，永攀高峰。国家昌盛，百业俱兴，社会各界鼎力相助，又使中华名楼重新焕发出气势雄伟、古朴凝重、内涵深邃的历史风采。

1996 年 1 月 2 日，山西省计委以晋计投社字（1996）9 号文批复了复建鹳雀楼可行性研究报告，准予立项，进行初步设计。从此，鹳雀楼复建工程紧锣密鼓地进入筹建和施工阶段。

　　1996 年 5 月 10 日，永济市委、市政府成立了以市委书记为主任的鹳雀楼复建工程筹建委员会和以市长为总指挥的复建工程指挥部。1996 年 7 月 14 日，根据市政府（1996）30 号文《关于鹳雀楼景区占用黄河滩涂土地的通知》精神，办理了国有土地使用证，总面积为 1475.3 亩。1996 年 8 月山西省古建筑工程有限公司完成了鹳雀楼复建方案修改和初步设计。1997 年 4 月，山西省计委以晋计设字（1997）191 号文，批准了永济市鹳雀楼复建工程初步设计。1997 年 7 月，山西冶金岩土工程勘察总公司忻州分公司完成了鹳雀楼地基勘察工程。1997 年 9 月，山西省地震安全性评价委员会通过了山西省地震局地震工程研究所作出的鹳雀楼复建场地地震

鹳雀楼复建工程奠基仪式

安全性评价报告。1997年12月，山西省计委下达了鹳雀楼复建工程开工令。同年12月31日，永济市委、市政府在黄河滩涂鹳雀楼新址举行了复建工程奠基开工仪式。山西省副省长薛军、省旅游局局长王锚琛以及省、地市领导和有关部门负责人出席了奠基仪式。薛军副省长指出，鹳雀楼复建项目是山西南部特别是沿黄河区域具有牵一发动全身作用的旅游重点工程，对全省旅游开发建设起到了重要的引导和示范作用。要求建设者们肩负时代重任，精心施工，确保工程质量，为雄浑古朴的北方名楼鹳雀楼重现三晋大地而建功立业。

地基处理工程——灌注桩施工现场

奠基当日，工地上呈现出机声隆隆、夯声不断的热闹景象。承担地基处理工程的山西省机械施工公司的同志们斗志昂扬地进入鹳雀楼主体工程的第一标段的战斗。1998年9月，完成了楼基强夯和210棵钢筋砼灌注桩施工任务。

台基箱式基础施工

1998年12月，鹳雀楼主楼开工，由中标单位山西省第一建筑工程公司组织施工。2000年12月31日，鹳雀楼主楼结构封顶。2002年9月26日，鹳雀楼主楼竣工并对外开放。

鹳雀楼复建工程是一座以混凝土框剪结构代替木结构，运用现代建筑材料和施工技术建造的完全仿唐式高台楼阁，整体建筑以高台为基，外观三层四檐，主楼内六层，楼体总高73.9米，总建筑面积33206平方米，古建筑面积8222平方米，楼体为大型完全仿唐式建筑，仿古结构为清水混凝土，线条艺术要求高，制作、安装及节点施工难度大，吊顶、油饰、彩绘均采用唐代艺术风格。

鹳雀楼的建筑形制和构造处理有别于长江流域的三座文化名楼，其体量大，用材大，斗口宽为280毫米，是现今仿古建筑中之最大。仿古构件种类156种，数量23672件，也是仿古建筑中之最多。它的主体结构为钢

2002年9月26日主楼竣工对游人开放

筋混凝土仿古预制，现浇构件经组装、拼装、层层叠合而成，所有构件均为清水混凝土，斗拱卷杀拱眼、人字拱、月梁等古构件艺术线条突出了唐代风格，而石作、瓦作、吊顶、彩绘等装饰也均采用唐代艺术表现手法。因此，鹳雀楼表现的是北方建筑的古朴与厚重，再现了唐宋时期斗拱技

主楼总设计师柴泽俊先生（中）在审定彩绘图纸

术运用的最高水平，也是仿古建筑中"斗拱结构力学"与"建筑艺术"完美结合的典范。楼内配备的火灾自动报警系统、电梯装置、电控及卫生设施，完善了楼体的使用功能。

鹳雀楼的设计是我国古建专家及设计人员心血和智慧的结晶。设计方案论证会由国家著名建筑专家郑孝燮和古建专家罗哲文先生亲自主持。柴泽俊、马瑞田等一批古建专家和专业设计人员，在设计过程中，通过考察国内大量文献资料，参照地上地下等实物，几易其稿，出色完成了施工图的设计工作。设计方案得到专家评审组的赞许和认可。

鹳雀楼的施工是以混凝土框剪结构代替木结构进行创新施工的过程，艺术表现则严格把握了历史特征与历史风格的原则。细部艺术处理适度、精细。

鹳雀楼独有的建筑风格凸显出其施工工艺的复杂，因为模板问题是施工的关键，因此，施工单位先后对木板、竹胶板、钢板等八种板进行对比试验，配制出钢制柱头、拱头卷杀、月梁反向雕刻，剪力墙、圆柱则采用

主楼翼角

主楼五层廊柱

计算机设计、工厂化制作的大模板，保证了结构质量的清水艺术混凝土效果。为仿古建筑的整体艺术效果奠定了良好的基础。

施工中，施工单位还制作了1:20木建筑模型，1:1柱头斗、拱和翼角大样实物模型，确定了"水平分段，竖向分层，节点组装"的仿古施工工艺，并采用传统方法和现代仪器来控制构件的整体效果。此外，还通过构件的锚固、控制构件预制偏差、连件、连体制作构件等多项措施保证结构安全和艺术的统一。

在古建筑艺术的处理上，施工单位坚持在传统工艺和现代技术间寻找结合点，象眼、鸱吻、屋面翼角、吊顶、彩绘等关键工序都经过多次讨论和攻关，反复修改方案，设计出合理、规范、具有可操作性的工艺要点，以指导施工。

在楼内外装饰方面，须弥座、勾栏、天花藻井的设计，强化整体的唐代风格。彩绘工程中，结合唐代画法新创的"烟琢墨碾玉装彩画"，在青、绿、朱、白、黑五彩绘画的基础上，饰以如意纹、团花、飞天等图案，恢复了唐代彩绘艺术。在地仗、油漆、起谱子、彩画工序中，制定了详尽的操作要点。吊顶工程中的创新施工QC

成果，获山西省优秀成果，总结的工法评为山西省优秀工法，项目技术人员先后在国家、省级刊物发表技术论文11篇。仿古砼预制构件的制作安装、唐式天花吊顶、唐式彩绘等十项技术的创新和实施，保证了精品工程的过程控制，还产生了技术经济效益221万元的显著社会效益。

过程质量控制中，严格执行了ISO9002标准，并运用QC方法解决施工难题，制定了清水混凝土等一系列企业标准来控制工程质量，通过严格的管理机制和交流沟通的工作模式，使质量管理工作成为鹳雀楼工程的一大亮点。2000年、2001年连续两年获得了全国建设系统优秀QC小组称号，2000年还被评为全国优秀质量管理小组。

鹳雀楼工程在四年的施工中，紧紧抓住过程精品这条主线，运用现代

月台石雕窗户

建筑技术、现代建筑材料，完整地将唐代建筑风格表现出来。工程先后通过省、地市有关部门的验收，分部工程优良率100%，观感质量评定分率94.8%，技术资料齐全，一次核定为优良，工程古建艺术效果得到国内专家的高度评价，它的建筑文化和艺术效果是我国建筑史上的创新与突破。工程于2002年被评为山西省优良工程，荣获山西省"汾水杯"奖，2003年被评为"全国用户满意工程"，8月，通过"山西省科技示范工程奖"的验收。顺利竣工的鹳雀楼工程成为省建委申报建设部的科技示范工程并成功

鹳雀楼月台雕塑

获得了"鲁班奖"。

　　"山河萦此地，哲理蕴斯楼。"鹳雀楼是黄河的标志，是中华民族不屈的象征。鹳雀楼的重建，为我国古建史增添了亮丽的一笔。久远的历史赋予它丰厚的积淀，它将继续激励中华民族奔向小康、走向繁荣！

三、唐代彩绘的再现

　　2002年10月1日，在历史长河中湮灭近八百年的鹳雀楼重现黄河岸畔，以独特的造型、恢弘的气势震撼着来自世界各地的游人。新建鹳雀楼在中华历史四大文化名楼中，除了楼身最高、楼体最重、景区面积最大等特点外，

其装饰使用的唐代油漆彩画，目前在全国可谓首屈一指，绝无仅有。游人至此，无不惊叹我国建筑艺术的装饰美。

建筑艺术是一种创造形式美的艺术。不同的民族有不同的审美趣味，不同的思维逻辑。因此，各民族的建筑装饰在形式上各有特点。西方古典建筑大都由单一的材料形成淳朴的艺术风格。埃及神庙以黄色花岗岩为基调，希腊神庙则以洁白的大理石为主色。我国古代建筑多为木结构，在装饰上讲究"雕梁画栋"的美，以色彩富丽著称于世。

说起木构建筑的色彩装饰，在我国已有悠久的历史。古代有"屋不呈材，墙不露形"的记述。据文献记载，秦汉、六朝时期的宫殿、府第以织物的帐、帏、幔、幕装潢室内空间。唐宋以后则改变了装饰手段，将彩画图案直接绘在梁柱上。

在木构表面绘饰油漆彩画，既可以防止风雨浸蚀，保护木骨，又可以起装饰作用。这种传统的工艺是在实用的基础上进一步艺术化的。它的题材丰富多彩，具有鲜明的民族特点。

不过，在我国历史上，历来油漆彩画与内容都被统治阶级所控制，并分为三六九等，各受条例所限，并不是所有的木构建筑都可以任意装饰。所以，精工细作的上等彩画，往往集中在宫殿寺庙一类的建筑物上，平民百姓备受压迫和剥削，衣食不保，岂谈安身居处之美。

我国古代建筑的装饰艺术早在战国时期就已形成，三国至隋唐时期，建筑结构的装饰、工艺和色彩有了进一步的发展，彩色逐渐增加，使建筑本身显得更加雍容华贵，如唐代石窟内的壁画、窟檐大多以红色作图案，也有采用红地加彩色花纹的处理方法。在殿宇回廊的墙壁上常绘制五彩鲜艳的壁画，也反映出当时社会经济的繁荣。

雄伟壮观的鹳雀楼侧立面

　　隋唐时期的石刻和彩绘艺术已达到较高水平。如安济桥的石栏板、望柱上面的雕刻，无论是当时还是现在，都是水平比较高的艺术品。

　　彩画发展到了唐朝，已经有了新的发展与突破。主要特点表现在以下三个方面：1.用色较多，图案色彩华丽绚烂。在以青、绿、朱、白、黑五彩绘画的基础上，又创造出"五彩间金装"彩画图案，使彩绘作品显得更加雄伟壮丽、金碧辉煌。2.图案线条刚劲有力，翻卷折叠的花叶有如江河流水起伏回旋，前后连贯，笔墨技法也较精练。这种线描技艺为唐代彩画增添了新姿。3.图案花纹较丰富多彩。除原来绘画的花草纹图案外，还增添了千姿百态的飞禽走兽，形象生动活泼。

　　鹳雀楼始建于南北朝末期的北周时代，初建时是作军事瞭望之用的戍楼。唐朝以后，政通人和，楼才渐渐成为览胜之处，并因唐代诗人王之涣的千古绝句而久负盛名，名列中华四大文化名楼之首。因此复建之时，在结构形制上决定按照鹳雀楼最兴盛时期的唐代风格进行设计建造，在建筑与彩饰上也以唐代艺术风格为基础。当然，油漆彩画也需按唐代彩绘特点进行恢复，以达到与鹳雀楼的结构风格相辅相成、相映生辉的效果。

　　纵观国内所有重建、复建工程，使用唐代油漆彩画的，绝无仅有。精通者更是寥寥。为此，建筑方先后诚邀国内几家古建技术力量最强的设计

主楼五层彩绘

单位承担唐代彩画的设计工作，均因未见前例而遭婉拒。后经多方咨询，得知中国文物学会圆明园研究委员会会长、高级工程师马瑞田先生对国内历代彩画研究颇深，并有专著行于世。建设方立即将鹳雀楼唐代彩绘的设计要求呈给马瑞田先生，并表达意向。马瑞田先生经过慎重考虑，终于应诺，担起重任。

说是重任，一点不假。第一，鹳雀楼是我国目前唯一以唐代彩绘艺术美饰呈现给游人的古代风格建筑，而我国的唐代彩画现存资料稀少，全国现存唐代彩绘的建筑几乎无存，没有前例可参考。第二，山西省是全国文化基地，文物专家较多，彩画效果一定要做到让专家、学者以及广大的观光游客接受和满意。第三，鹳雀楼的油画面积达 3 万多平方米，就国内而言是比较大的项目，工作量之大，设计方案之复杂是可以想象的。所以，

在处理鹳雀楼彩绘过程中，年逾古稀的马瑞田先生显得十分谨慎。

抱着严谨的科学态度和对我国古代油漆彩绘艺术的执著追求，马先生查阅了大量的文献资料，并多次冒着酷暑进行实地考察。在挖掘整理、分析研究的基础上，进行了创作设计，终于完成了适于鹳雀楼各部构件的唐风彩绘方案。在鹳雀楼彩画设计上，他把握了以下两点。

1. 以 "在斗拱、梁枋及平棋天花的适合位置，绘制唐燕尾及绿地黑白团花、青地红色团花、白地缠枝花饰以及如意纹、连珠纹等彩画图案" 为设计基础。

2. 结合当前旅游业的发展及游客观光的需要，适当设计组合图案。

第一方案完成后，得到鹳雀楼设计总监、山西省文物局总工柴泽俊先

主楼油饰彩绘一角

生的首肯。国家文物局专家组组长罗哲文先生，专家顾问郑孝燮先生，专家组成员崔兆忠先生，也对方案（效果图）持赞同意见，并于2001年9月26日题字："鹳雀楼的油画工程，恢复唐代风格，马瑞田先生对本工程设计做了大量的考察工作，综集了唐代地上地下多处精华，组合了本彩画方案，从现在看来，在全国还是第一处，同意此方案。"三位专家进行了审定，并签了字。

为了进一步完善鹳雀楼唐代油画工程的设计方案，填补历史空白，为后人留下比较完整的资料，除认真整理过去曾亲自考察的部分资料外，马先生还到北京几家较大的图书馆考察临摹了敦煌石窟、敦煌艺术、敦煌壁画、敦煌图案集等方面的文献资料，还实地参观考察了陕西省乾县（唐代）懿德太子墓壁顶彩画图案实物，翻阅了山西省考古所的《唐代

主楼六层天花藻井彩绘

薛儆墓发掘报告》。可以说，修改后的第二方案更准确地体现了唐代风格。

马先生的最终设计方案出炉后，立即得到了我国著名古建专家们的认可。

在彩绘方案实施过程中，根据专家、学者及建设方的意见，马先生又参考了地上或地下考察的大量实物及文献资料，取其精华，最终组合出一套适合于鹳雀楼各部构件的彩画图案，并按工艺作法程序，取名为唐式"烟琢墨碾玉装彩画"。

由于有马瑞田先生的呕心设计、具体指导，施工单位的精心工作，严格把关，唐代油漆彩绘这一中国古老的建筑艺术，在鹳雀楼这一国内大型古建工程中大放异彩。鹳雀楼，成为全国第一座以唐代彩画油饰为装饰的仿古建筑。

四、景区规划

鹳雀楼楼体的设计与复建，凝聚了山西古建研究所众设计师的心血与汗水，浸透了更多专家与各级领导的付出与努力。鹳雀楼景区景观的规划，何尝不是一个精品的锐意打造过程与一个新神话的精心缔造过程？

泛黄的初稿

1997 年 12 月，筹划五年之久的鹳雀楼主楼建筑终于破土动工。在该楼确定了"唐代风韵"的主题之后，永济市委、市政府开始寻求合作方，要求以鹳雀楼为中心，设计鹳雀楼景区，以丰富游览内容，增强景区吸引力。

第一次与鹳雀楼合作，进行鹳雀楼景区规划的设计方是山西省城乡规划设计研究院。1999 年 2 月，一份《鹳雀楼景区详细规划说明书》新鲜出炉。

首次规划考虑到"景区用地平坦、狭长"，周围是果园、苗圃及荒地

景区规划第一稿

等实际情况，给予了开发条件评价：
"区位优越，资源丰富，交通便捷。"
不利条件是："用地过于平坦，排水
不利。"

在参照了《山西省永济市鹳雀
楼复建工程方案图》、《永济县志》
及有关方面的决定与意见后，初稿
确定景区性质为："以鹳雀楼为主导，
以自然景观为补充，以独特的景观
与丰富的历史文化内涵为特点，向
国内外游人提供游览、娱乐、休闲、
度假、购物等服务的综合性旅游度
假区。"

规划将鹳雀楼景区分为北区和
南区。

北区为动区。功能以景观、购物为主。分为鹳雀楼区、商业区、鹳雀
园与荷花池主题景区等。南区为静区。功能以游览、娱乐、休闲、度假为主。
分为水上活动区、果园区、垂钓区、度假区，森林野游区等。

设计将鹳雀楼楼院纵、横两条轴线加以延伸和发展，形成北区两条景
观轴线。主入口与鹳雀楼楼院之间规划十字形商业街，建筑采用仿唐风格，
商业街中段为步行林荫带。楼院以南为一广场，其中置园林建筑小品。楼
院以西为一荷池，西广场中间置鹳雀雕塑小品，在其以西为鹳雀园，园中
饲养黑、白鹤或其他鸟类。鹳雀园以西轴线上布置一圆形水池，并设喷泉

雕塑。鹳雀园西侧及南侧为果园。景区中南部为人工湖，湖中有岛、有榭、有亭、有船，可休闲垂钓，古朴野趣。人工湖以南为度假别墅区、疗养院及宾馆。景区南端为模拟野生动物园与跑马场。

景区给水由景区东侧水源提供，供水站设在景区北部，由于景区地形过于平坦，在排水工程上，设计了大面积的绿化带，以分流雨季积水。人工湖及湖边雨水泵站的考虑，方便了暴雨时集中排涝。

规划对污水的处理、排放及供热、供电、电信等方面都做了周密、科学、详细的安排。

可以说，如今已泛黄的这份规划说明书，是鹳雀楼景区最初的蓝图。永济市委、市政府在这些黑白的打印文字及图纸中，依稀看到了鹳雀楼景区美丽的建筑群。

"仰之弥高，钻之弥坚"，也就要求弥严。为了让国人看到一个更为动人的神话，永济市委、市政府把期望的目光投给了中国最高学府之一——北京大学。

众多专家签字的二稿

2001年3月，由永济市旅游局委托北京大学城市与环境学系编制的第二套方案《山西省永济市鹳雀楼景区详细规划说明书》给永济市有关领导以惊喜。这套方案，以"主题宏伟，形象具体；市场取向，经济挂帅；中西结合，唐风重彩；人本关怀，生态和谐"为规划原则，赋予了景区新的主旋律与新的文化高度。它弘扬的是爱国主义主题，宣传的是黄河文化特质，采用的是唐代及山西民建的风格。

可以说，整套方案是设计者在充分了解、理解了古蒲州这块土地的历史、风土、人物和别具特色的渡口文化情况下，结合黄河滩地视觉景观远眺近观两相宜的特点及区域旅游资源丰富、利于组织区域旅游路线的情况，整体宏观把握、具体细部刻划而出的。

方案中，设计者对鹳雀楼旅游开发之SWOT（优势、弱势、机会、挑战）进行了数据分析及未来预测。认为景区优势在于鹳雀楼是中华名楼之一，屹立于有中国民族摇篮之称的河东腹地，具有丰厚的黄河文化底蕴。新时期的永济又是新兴的优秀旅游城市，政策优惠，基础设施完善，政府积极支持，视鹳雀楼景区建设为盛世豪举，是永济经济发展的形象工程。

弱势在于楼毁700余年，需要一个市场认可的过程，永济所在区域相对经济落后，消费水平较低，加之西临西安，南通洛阳，北有太原，市场分割分流后，游客相对稀少。

永济所面临的是机会与挑战并存。机会为：鹳雀楼只要推出大手笔、高立意、上品味、精心设计的旅游产品，无疑能成为国内新旅游热点，掀起新的旅游热潮，从而带动永济乃至周边地区的旅游业发展。挑战是：黄河滩涂鹳雀不再；黄河也可能泛滥，对景区造成破坏；鹳雀楼仿唐风格与西安厚重的唐风重叠，促销难度加大。

为此，规划中，在进行鹳雀楼旅游形象定位时，采用了"空隙定位"策略，即将鹳雀楼景区定位为"鹳雀楼：上下五千年，放眼看世界"；旅游形象塑造为："一、物质景观形象——唐风建筑。二、社会文化形象——蒲州文化中心。三、旅游企业形象——黄河人。宣传口号为：'中华名楼，黄河明珠'、'登名楼，拜舜帝'。"

设想了促销手段之后，景区总体结构方案才隆重而慎重地推出。

北京大学对鹳雀楼景区的功能区划是：以鹳雀楼为主体的黄河游览为

核心，因地制宜，同时兼顾游客体验原则，以意境设计为手段，深挖鹳雀楼景区的地方文化特色，着力创新。

具体景区划分为：鹳雀楼观览区、蒲州风情区、黄河风光区和视觉景观区四大部分。整个景区以鹳雀楼为主体，呈"回"字形分布，形成"三区、九点"的空间结构。

鹳雀楼观览区以鹳雀楼为主体，四周向绿篱延伸，为整个景区的

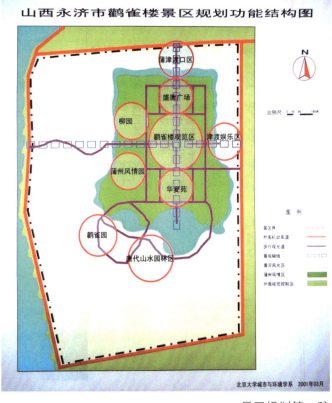

景区规划第二稿

中心内容。蒲州风情区以蒲津渡口为界，向南扩展至唐代山水园林区北界，东面以蒲津渡口南岸为北界，向西延伸至鹳雀楼园东界为界。包括了盛唐广场、华夏苑、柳园、蒲州风情园。黄河风光区为蒲州风情区外围的扩展地区，含蒲津渡口区、蒲津娱乐区、唐代山水园林区和鹳雀园。视觉景观控制区为目光所能及的广大空间，因此，此区内不宜建设高大建筑物。

纵观方案，最亮点是绿化规划。如对蒲津渡口垂柳、桃树种植的设计，盛唐广场冬绿型草及四周的白皮松、雪松、泡桐、桧柏及其他景区多种植

物的设计等。仅看方案，已如踏进天然植物园中，满目苍翠，目不暇接。

值得一提的是，方案中对盛唐广场的具体描绘：中西结合的手法，将法国凡尔赛宫花园和泰姬玛哈陵轴对称棋盘式布局的几何图案造园形式与中国传统的唐代彩绘图案相交融，寓意为开放的唐朝文化包容广大，盛世的鹳雀楼广纳八方来客。广场中央为彩砖拼成的莲花飞天藻井图案，中间设暗黄色喷泉，构成"莲花听音"的绝妙景观。彩色图案喷泉四角，分布成棋盘式格局，边缘为草坪，中间为绿植灌木拼植成的唐代云头如意纹、蝴蝶纹、石榴纹、莲花纹等图案，东西两侧间隔种植两排白皮松、雪松。可以想象，从鹳雀楼楼顶俯瞰整个广场时气象恢弘、美不胜收的景象。

2001年1月7日，评审专家组组长赵洪才先生在《山西省永济市鹳雀楼景区详细规划评审意见》书上郑重签了名，专家组的九位专家们也一一签了自己的名字。他们认为：规划方案以国家公布的有关法律法规为依据，以永济市社会经济发展与旅游开发计划和远景目标为指导，所设计的景区总体结构和重点地段规划详细，主题突出，平面布局合理，既再现了历史文化，又适当考虑了现代社会发展的实际需求，对景区的基础设施、市场预测、分期实施等方面安排适当，可操作性强，是一份"具有历史与现实相结合，历史文化与生态旅游相结合，追溯文化意境与娱乐参与相结合特点的"、"规划有创新、设计有新意"的"高水平景区规划"。

最后的定稿赋予古蒲州以新韵

"没有最好，只有更好。"2002年元月，以西安市古建园林设计研究院院长吴雪萍为组长的"鹳雀楼景区规划项目组"，拿出了第三套方案：《山西省永济市鹳雀楼详细规划修正案说明书》。这套修正案说明书，在北京

大学城市与环境学系所做的详细规划基础上，对已有方案进行了修正。

《修正案》经永济市党政四大领导班子（含有关局长）开会审议通过，获得好评。一致认为《修正案》主题思想更明确，更能保持景区的"唐风唐韵"，更能体现"中华名楼，黄河明珠"，"登名楼，拜舜帝"，"更上一层楼，放眼看世界"的崇高意境。继而，市委、市政府召开了多次审议会，一致同意了《鹳雀园详细规划修正案》。

修正案中，全园主体范围是以鹳雀楼为中心的十字坐标。南北长 1820米，东西宽 975 米，约合计 177.45 公顷。整个园结构体系为：

名楼游览区：

（1）门殿、序曲广场景点。

（2）大鸟石拱桥、鹳影湖景点。

（3）唐韵迎宾广场。

（4）名楼中心游览区。

文化风情游览区：

（5）黄河滩涂奇石苑景点。

（6）蒲州风情园景点。

康乐游览区：

（7）唐风马球康乐园景点。

（8）蒲津游乐园景点。

山水自然风光游览区：

（9）吉祥如意湖景点。

（10）苍山自然风光园景点。

（11）柳园思古景点。

永済市鹳雀園園林緑地規劃設計方案
西安市古建園林設計研究院

景区规划第三稿

（12）鹳雀苑景点。

第一期工程限定在序曲广场、塑石山水、莲花池、门殿、鹳影湖、大鸟石拱桥、唐韵广场和名楼游览区。修正后的规划将景观扩展至全园，充分运用沿临黄河的大自然景观。各景区景点分布疏密相兼，遵循造园学中的"借景"原理，利用"步动景移的四度空间规划"手法，使全园形成一曲有序幕——乐章——高潮——尾声——余韵无穷的人文景观、自然景观相互和谐的交响乐章。

在南北中轴线外，增加了一条从"名楼"自"西华门"至黄河岸边的、以笔直的林荫大道为横轴的景观轴线，拓展了登楼远眺"黄河落日图"的"穷目"效果，并在大河路南邻的一片空旷地上，设计了用沙滩、奇石刻字营造的"黄河奇石景观园"。出了黄河风情馆，可看到鹳雀回翔，一望无垠的黄河滩涂风光。达到将园中之人造景观与大自然生态景观相结合的"借景"效果。

在南北轴线终端，采用挖湖、堆山、植密林、引清泉的手法，营造出苍山自然景观，给人以"条山苍，泉林静"的诗情画意。

结合园区平坦、无天然势高差可利用的特点，在设计中运用了人工造景、挖湖堆山、移植大树、铺草坪、植灌木、建造亭桥、廊榭、塑山水、园灯小品等手段营建竖向视觉景观。

2003年7月，一本印刷豪华精美、装帧古朴雅致，由吴雪萍编著的《古蒲新韵——鹳雀楼景区景观规划与旅游策划》由中国广播电视出版社出版发行，至此，鹳雀楼景区景观规划工作，在几易其稿，一步一个高度之后，画上了一个令人满意的句号。鹳雀楼的景区建设也成为一个高质精品工程，受到国家园林界、旅游界专家及社会各界好评。

鹳雀楼景区的规划设计与建设无疑是成功的。已远远地超过一般的人文与自然景观范畴，它是中华民族锐意进取、与时俱进的永恒的精神象征。它让蒲州成为中国人永远的蒲州，将已经被中国人遗忘的蒲州，巧手装扮后，又还给了中国人。

五、主楼文化陈设（各层文化陈设按展览顺序编排）

第一层 千古绝唱

进入一楼中央大厅，迎面是一个长18米的主体硬木彩塑新篇巨制《大唐蒲州繁盛图》和两侧的欧塑壁画，左侧为宇文护的"筑楼戍边"，右侧表现的是王之涣"旗亭画壁"的故事。《大唐蒲州繁盛图》表现的是盛唐时期，蒲州城的繁荣景象。唐代时期，蒲州曾两设中都，与洛阳、长安齐名，这里历史悠久，文化灿烂，物华天宝，人杰地灵，是中华民族发祥地之一。综观此图，犹如登楼眺望一座气势宏伟的大唐雄城，只见河东城廓崔巍，城内屋宇鳞次栉比，钟鼓楼恢弘壮丽，街头巷陌买卖繁盛。城西门外蒲津大浮桥，舰连千艘，八尊大铁牛铮铮有力，对拽八根铁链，以固浮桥，中

中都蒲坂繁盛图

华名胜鹳雀楼雄踞大河，气势恢弘。画面设计以唐玄宗东巡蒲坂为主要情节，千余名精心烧制的陶瓷彩绘人物个个栩栩如生，以雕刻和小木制作技艺营造的800余间楼堂馆舍和以彩扎灯艺制作的琼楼花灯、垂柳碧桃皆精美逼真。游人至此如身临其境，感受到盛唐蒲州繁华的景象和恢弘瑰丽的历史文化。

"旗亭画壁"是表现王之涣诗才名望的一个故事。在李白、杜甫还不出名的时候，王之涣、王昌龄已经名噪一时，从各种史料记述王之涣的生平看，王之涣的诗作并不少，当时人们把王昌龄称作"诗家夫子王江宁"，后来敢于和李白诗争胜的也只有王昌龄，而《唐才子传》说王之涣与王昌龄是"皆出模范，其名重如此"。有人评价说，王之涣的作品，以边塞诗见长，诗境广阔，激人奋进。由此可见，王之涣在唐代诗坛曾是负有盛名，风靡一时的人物。

"筑楼戍边"，反映的是鹳雀楼始建的历史背景。唐代李翰在《河中鹳雀楼集序》中说："后周大冢宰宇文护军镇河外之地，筑为层楼。"宇文护从其叔父大将军宇文泰手中继承了西魏的军队和指挥权，拥宇文泰之子立北周天下，自己担任了太师、大冢宰，也就是宰相。当时北齐篡东魏天下，

"筑楼戍边"壁画

建都安阳，北周篡西魏天下，建都长安，北齐与北周为争夺地盘长年征战。山西大部分被北齐所占，蒲州是北周在河外占据的一块孤地，为了镇守蒲州这一军事重镇与要塞，宇文护在城外建起这座高楼用来瞭望军情。这是一座戍楼，主要用于军事目的。

第二层　源远流长

自从在西侯度发现了 180 万年前人类旧石器时代的遗址，把我国用火的历史由北京猿人的约 60 万年前向前推移了 120 万年，充分说明黄河流域是人类文明最早的发祥地，华夏民族的先祖在这里开创了辉煌的历史。这一层共有十二幅作品以不同形式表现了古代河东的历史人物故事和传说，向人们呈现了上下五千年辉煌壮丽的黄河文化。

舜帝

舜帝像

舜，姓姚，名重华，冀州诸冯（今山西省永济市张营乡一带）人。舜是我国古代的明君，他有德行和孝心，并且处世谦让，能以身作则，团结群众，尧经过对舜的考察和培养后把君位禅让给了他，舜继承尧的事业，"尧天舜日"成为后人称颂的治世。他的一生刻苦而勤勉，以"天下一人饥则我饥，天下一人寒则我寒"的关心人

二楼陈设

民疾苦的仁爱胸怀，带领老百姓耕耘于历山、打渔于雷泽，制造陶器于河滨，建都于蒲坂，并孝敬慈亲，为后世垂范。

舜耕历山

当时，有虞氏部落为了继承先辈业绩，发展农耕生产，需要勤学善思之人帮助百姓们解决各种技术难题和矛盾冲突。部落首领看舜是一个好人才，就派舜到历山去帮助那里的百姓们和睦相处，发展农业，建立良好的耕作秩序，推广农业生产技术。

舜来了以后，对老百姓讲："邻里之间，贵在互敬互让，不要为多种一垄地，你争我斗，邻里不安。"舜不仅言传，而且身教，他经常开荒，又把自己垦荒而来的田地，让给争种地畔的人，言传身教，久而久之，历

山上的百姓都感到为多占地面而争执，是一件不光彩的事。历山上的老百姓再也不为种地争畔而互相争斗，大家都处得很好，历山百姓们的耕作秩序，成了天下人效法的榜样。

舜在历山致力于农耕的事迹，感动了上天，林中的大象看见历山的百姓都相处得这么和睦，对人对兽，都彬彬有礼，纷纷跑出山林，与百姓为伴，舜带领百姓，与象都处熟了，他们便在耕田的时候，用象来拉犁。这就是历史上所记的"舜执农作，象为之耕"。山西永济有历山上象牙化石的标本，收藏在当地博物馆，这为古代农耕使象提供了证据。

渔雷泽，陶河滨

一天，部落首领又对舜说："雷泽那里，老百姓因为打鱼，经常发生矛盾，你去那里看看吧。"舜于是又受命到了雷泽。雷泽，是雷首山下的一个水泽，其源乃历山上雷水。由于泽中渔产丰富，周围一些老百姓便以打鱼为生。

舜来到雷泽以后，看到这种情况，就积极开导百姓，并且亲自动手，在水泽旁边修建许多利于打鱼的好位子，让给没有位置打鱼的百姓，他告诉大家："打鱼的时候，大家都谦恭忍让，打够用后就走，不要久居不让，这样大家都和睦相处，岂不好吗！"久而久之，大家看舜这个人很好，说的话也在理，就都听从他的，雷泽的渔作秩序有了很大的改善，大家都互帮互让，十分有礼，也都愿意与舜交朋友，舜走到哪里人们就跟到哪里，听他讲一些人生处世的道理，也从他那里学到许多生活技巧与生产技术。

舜把雷泽的渔作秩序整顿好以后，舜的名声在部落之中就更大了。一天，部落首领又说："最近，河滨一带，百姓反映换回的陶器很不耐用，请你去查办一下。"舜于是下去查办，正巧碰上了一个农人打听哪里有陶器，便问农人："难道你那里没有陶家吗？"农人说："跑了几个陶家，陶器都不耐用，一碰就坏，可那些陶家倒是发了财了。"舜这才弄明白，原来，这些陶家为了多换取财物，故意生产滥造的陶器，他想，教育开导他们，恐怕一时不会见效，老百姓还会吃亏。他于是带领一班人马，挑选了一块沙土皆宜的地方，为当地老百姓烧制陶器，烧制的陶器精制耐用，老百姓十分喜欢，使那些粗制滥造的人一下子失去了市场。他们一打听是舜这样做，便知道这件事有来头，于是，那些陶家都改恶从善，又开始生产老百姓喜欢的精制陶器了。

舜在河滨制作陶器三年，很快河滨一带吸引了众多聚居百姓，后人称其地为陶邑。今天，永济市西北黄河岸边的陶城村，就是沿袭古陶邑之名

而来；千载无改，迹绍远古。

尧王访贤

尧帝晚年，力不从心，而尧的儿子丹朱不像尧那么会谋国事，尧无心将天下交给丹朱以免天下百姓承受战乱与饥荒，他要选一名贤明的仁君，禅让天下。尧帝一心想着庶民百姓，具有极高的思想境界，也反映出尧帝时期天下太平，人们还处于一种原始的共产主义生活方式之中。尧帝时，有歌词是这样唱的："天下一人饥，则我饥；一个寒，则我寒。"所以四方的诸侯首领都佩服他，当尧要从天下庶民百姓中选一贤人来接替帝王之职时，他们都没有反对，并且都推说自己的本领够不上帝王统领天下的要求。于是，都把舜推荐给了尧帝。

尧听了四方诸侯首领们的推荐，也很赞同，便说："舜这个人，我听说过，很有才能。不过，我还得亲自寻访一次。"于是，尧着微服，与随从来到历山一带，他打听到舜在田间耕作，便亲自到了田间，正看见一个青年，身材魁伟、体阔神敏，聚精会神地耕田，犁前驾着一头黑牛，一头黄牛。奇怪的是这青年总不用鞭打牛，而是在犁的扶手上拴着一个簸箕，一会儿敲一下簸箕，便吆喝一声。青年人耕到田头，见一位老人在观看自己，便放下犁杖向老人作揖问好。尧便问青年人："耕夫都是用鞭打牛，你为何只敲簸箕不用鞭打牛？"青年人向老人拱手以揖答道："牛为人耕田出大力，就够苦啦！再用鞭去打它，作为人，于心何忍！再者，我打簸箕，黑牛以为我打黄牛，黄牛以为我打黑牛，都卖力去拉犁了。"尧一听此话，觉得这青年有智慧，又有善心，对牛尚如此，对百姓就更有一片爱心。

莺莺听琴

取材于元代戏剧家王实甫的代表作、杂剧《崔莺莺待月西厢记》，故

莺莺听琴

事就发生在唐代永济的普救寺。说相国千金崔莺莺与书生张珙一见钟情，二人不顾门第悬殊和相国夫人的阻挠，最终如愿以偿，成为眷属，故事寄托了作者的美好愿望。上图表现的便是月色溶溶的寺院西厢，莺莺在丫鬟红娘陪伴下，隔着粉墙倾听张珙借琴声传达爱意的情景。

司空图

司空图（837～908 年），字表圣，唐代虞乡（今永济县东）人。其父司空舆官至户部郎中。司空图自幼才华出众，胸怀大志，咸通十年（869 年）中进士，任殿中侍御史，后升礼部员外郎。广明元年（880 年）黄巢起义军克潼关，入长安城，唐僖宗逃往成都，司空图回到故乡，隐居于王官谷。后朱温篡唐，曾召司空图入宫拜为尚书，司空图佯为衰野，故意坠笏失仪，朱温无奈，终于又让他回归王官谷，继续过着隐居的生活。

司空图在政治上消极失意，但在吟咏、评诗方面却是见解独到，才华横溢。《虞乡县志》载："司空图隐于中条，芟松枝为笔管。人问之，曰：'幽人之笔，正当如是。'"他以幽人之笔，尽抒隐士之情怀，有述志绝句云："浮

世荣枯总不知，且忧花阵被风吹。侬家自有麒麟阁，第一功名只赏诗。"他在《与李秀才论诗书》中说："诗贯六义，讽谕、抑扬、停畜、渊雅皆在其中，惟近而不浮，远而不尽，然后可言意外之致。"

司空图的主要贡献在于他对诗歌理论的发展。他的著作《二十四诗品》把诗歌风格分为"雄浑"、"沉著"、"绮丽"等二十四目，各用四言韵语十二句描述其特征，而所论强调冲淡，追慕玄远，表现出超脱现实的唯心主义文艺观点，对后世诗论有着深远的影响。

司空图隐居的王官谷在今永济县虞乡镇东7.5公里的中条山麓。沿着山路进入峪口，迎面高耸的山峰形如石柱，人称天柱峰。峰前现存破窑洞几孔，一堆瓦砾，即司空表圣祠遗址。亦即当年司空图隐居的处所，附近还有他创建的休休亭遗址。天柱峰两侧悬泉直泻而下，状如匹练。这就是旧虞乡八景之一的"王官瀑布"。《虞乡县志》中对瀑布奇景有一段生动的描绘："飞泉激于石峭，如匹练下垂，忽为惊风所掣，又如斛珠乱坠，飘落缤纷，瞬息万状，令人注目无定……暑日，数十步外寒冽逼人。泉水所注，石皆成窍，珠玉喷跳，称为雪花。"

司空图像

当年司空图隐居于此时，曾平息了当地百姓为争这股水而引起的半殴兴讼，他把水公平地分给各村溉田，受到人民的感戴，后人因此在他隐居的地方修建了司空表圣祠。

专家们认为王官谷是山西省极有开

发价值的旅游点之一，其前景是不可估量的。

马远踏歌图

在我国宋代画坛上，著名画家马远一家，人称"一门五表皆画手"，是颇有影响的画苑世家。

在这个绘画世家中，成就最高、影响最大者还是马远。马远，字遥父，号钦山，光宗、宁宗时为画院待诏。生卒年不详，有人推算他大约生于绍兴十年（1140 年），卒于绍定初年（1228 年）。马远家学渊源，复师李唐，因而具有高度的艺术修养和多方面的绘画才能。根据清人厉鹗所编的《南宁画院录》，历代收藏家和鉴赏家所著录或题跋过的马远作品，约有一百二十余幅。山水、人物、花鸟，无所不精。然杰出成就主要在山水方面。说马远的作品"全境不多，其小幅或峭峰直上而不见其顶，或绝壁直下而不见其脚，或近山参天远山则低，或孤舟泛月而一人独坐，此边角之影也"。因此有人给马远起了个绰号叫"一角"。也有人说马远多作"一角"、"半边"，是南宁偏安的写照。马远的用笔简朴有力，山石的皴法作"大斧劈皴"，方劲多棱角，树叶有夹笔，树干用焦墨，多横斜曲折之态。如传世的《寒江独钓》、《雪图》、《松涧清香》、《竹涧焚香》等图，都境远意深，故宫博物院收藏的《水图》十二幅、《踏歌图》，笔意清旷，气韵浑厚。由于马远和同时代的著名画家夏圭，都深受李唐的影响，二人作品风格又很相近，故画史上并称"马夏"。也有人再加上李唐、刘松年，合称"南宁四家"。马远的儿子马麟也是很有成就的一位画家。

司马光砸缸

司马光（1019～1086 年），字君实，号迂夫，因祖籍夏县有涑水，故世称涑水先生。其父司马池，宋天章阁待制，清直仁厚，为一代名臣。司

马光自幼聪明过人，与儿童游戏时，一小孩不慎跌入瓮中，众人吓得一哄而散，唯司马光急中生智，用石猛击瓮壁，使瓮破水流，孩子得救。当时京、洛一带画成"小儿击瓮图"，争相传看。司马光七岁时就手不释卷，二十岁考中进士甲科，后经枢密

司马光砸缸

副使庞籍的推荐，在京任推官司、知谏院等职，他多次上书，建议"取士之道当以德行为贤，其次经术，其次政事，其次艺能"，对官司员实行严格的考核制度。宋神宗即位后，用王安石为参知政事，实行变法。司马光提出不同意见未被采纳，于是退出朝廷，专心编写《资治通鉴》。后变法派内部矛盾激烈，变法中的弊病引起了诸多人的不满，司马光的声望日益增高。元丰八年（1085 年）三月，神宗死，哲宗即位，太后听政，司马光再度复相。元丰九年（1086 年），司马光病逝，赠太师温国公，谥文正。京师人罢市吊唁，四方来会葬的人有好几万，各地画像祭祀。

司马光一生忠信正直，不徇私情，不贪富贵，并在史学上有重要贡献，《资治通鉴》尤为突出，是我国古代最著名的编年体史书，有极重要的史学价值。

武圣关公

关羽（160～219 年），字云长。传说关羽本不姓关，因杀了欺侮民女的县尹出逃，至潼关关吏查问时，他"随口指关为姓，后遂不易"。奔至

武圣关公

河北涿县时，与张飞随刘备起兵。三人"寝则同床，恩若兄弟"。建安五年（200年）刘备兵败投袁绍，关羽被曹操俘虏，曹操赏识他英勇善战，特拜他为偏将军，袁绍大将颜良围攻白马，关羽策马冲入万军之中，刺死颜良，解白马之围。曹操甚喜，欲将关羽留为己用，但关羽婉言告辞，再次投奔刘备，曹操打败袁绍后，南击刘备，刘备与孙权联合在赤壁大败曹兵。刘备收江南诸郡后，令关羽镇守要塞荆州。建安二十四年（219年），关羽率军攻樊城，水淹七军，活捉曹操大将于禁，斩将军庞德，威震华夏。不料孙权乘机派兵从背后偷袭关羽，关羽及子关平皆被杀死。关羽战功显赫，名声跃居历代名将之上。乡人慕其德名于隋开皇九年（589年）在解州修建了规模宏大的关帝庙，以至被后代尊为"武圣人"。

柳宗元诗意

柳宗元（773～819年）字子厚，祖籍河东（今山西永济虞乡镇），唐宋八大家之一。柳家世代都在外地做官，柳宗元出生在长安的官僚家庭里。他小时候很喜欢读书学习，四岁时就熟读了十几篇深奥的古代辞赋，十岁以后就能写出一手好文章，十二三岁时，父亲在湖北、江西等地做官。唐德宗贞元九年（793年）二月，二十一岁的柳宗元在京城长安考取了进士。和他同科考中的还有刘禹锡，两年后韩愈也考取了进士，他们都是抱有新思想的热血青年，后来都成为王叔文改革集团的主要成员。唐德宗贞元

十四年（798年），柳宗元二十六岁，考取了博学宏词科，分配他任集贤殿书院正字。唐德宗贞元二十一年（805年），德宗李适病死，其子李涌继承帝位，这就是顺宗皇帝。这时以王叔文为首的一众进步知识分子，在顺宗皇帝的支持下，发起了政治改革运动，柳宗元积极地参加了这次改革运动，并成为主要组织者和领导者。历史上把这次改革运动叫做"永贞革新"。顺宗任命王叔文为翰林学士，行使宰相职权，提拔柳宗元为礼部员外郎，执掌起草文件法令之权，改革的矛头首先指向宦室。这些改革措施对人民有好处，对国家也很有利，受到群众的拥护，但那些宦官、世族官僚们以及割据一方的藩镇等都是竭力反对，纷纷向朝廷施加压力，反对改革措施。宪宗皇帝听信宦官的话，一上台就把革新派的人物逐出朝廷，贬谪到边远的地方去了，革新运动就这样遭到了失败。柳宗元被贬到永州（今

柳宗元塑像

湖南零陵县）任司马。唐宪宗元和十一年（815 年）柳宗元被朝廷召回长安。朝廷把他贬到更加边远的柳州（今广西柳州市）去任刺史，环境更加恶劣。这时柳宗元已经四十三岁了，因他两次被贬生活的折磨，多年的改革思想积郁心头而终身未酬，使他的身体愈来愈虚弱多病，终于在唐宪宗元和十四年（819 年）因病去世，终年四十七岁。因他最后贬官和病逝在柳州，世人称为柳柳州；又因他祖籍河东，亦有人称他为柳河东。

柳宗元在政治改革方面遭到了失败，但在文学创作上取得了巨大成就。他的文学活动主要在贬官之后，特别是在永州的十年间，写下了大量的政论、散文及游记等作品，他的诗文都达到了很高的水平。

柳宗元写的文学性传记散文，大都取材于劳动人民。这些文章写得精湛感人，表现了作者正直的品格，寄托了他的政治主张，反映了他创作的现实主义精神。

柳宗元还是唐代古文运动的倡导者之一。他和韩愈一起倡导了"古文运动"，作用虽不及韩，但文学成就却在韩愈之上，对唐代文学发展有很大影响。

黄帝战蚩尤

蚩尤是我国古代神话传说中东方九黎族的首领。宋代罗泌的《路史》中记载：蚩尤姜姓，是炎帝的后裔，并注引《世本》说：蚩尤曾发明了 5 种兵器，即戈、矛、戟、酋矛、夷矛，是一位好战之神。相传他长相奇异，人身牛蹄，4 只眼 6 只手，耳鬓如剑戟，头上长角，专吃铁块和石头。他有兄弟 81 人，也都是兽身人语、铜头铁额、吃沙石子的怪物。

有一年，蚩尤的部落和黄帝发生了战争，蚩尤为了夺取中央上帝的宝座，带领着他的弟兄和军队，并鼓动勇敢善战的苗民杀向涿鹿而来。黄帝先以仁义来感化蚩尤，但顽固不化的蚩尤置之不理，黄帝无奈只得用武力

来对付他。

这场战争是非常激烈的，蚩尤的军队十分强悍。把黄帝的军队团团包围起来，不辨东西南北，形势万分危急。这时一位名叫风后的臣子，做了一辆指南车，靠这辆车子的引导，他们才冲出了大雾的重围。

黄帝又派会下雨的应龙去攻打蚩尤，应龙展开翅膀，飞在空中摆起行云布雨的架势，蚩尤早已请来了风伯雨师，掀起一场猛烈的大风雨，应龙简直无法施展他的本领。大雨向黄帝的军队袭来，队伍四散溃逃。黄帝只好叫女儿"魃"来助战，魃的身体里装满了炎热，她一到战场上，狂风暴雨顿时无影无踪。

后来黄帝用"夔"的皮制成一面鼓，又用雷神体内的大骨头做鼓槌，在战场上一连擂了几通，果然山鸣谷应，军威大振，蚩尤的弟兄们丧魂落魄，黄帝的军队追杀上去，打了一个大胜仗。

蚩尤且战且退，一直退到冀州南部，终于被黄帝捉住。黄帝砍下他的头颅，分解了他的尸体，后世人们把这个地方叫做"解"。到汉代在这里置解县，北魏时改称北解县，北周废。故治在今临猗县的城西村和城东村之间。唐以后又在今运城市西置解县，五代为解州治。民国元年（1912年）改解州为解县。1958年并解县入运城县，原县城所在地称解州镇。

还有传说运城盐池是蚩尤的鲜血变成的。宋代沈括《梦溪笔谈》："解州盐泽，方百二十里。久雨，四山之水，悉注其中，未尝溢；大旱未尝涸。卤色正赤，在孤泉之下，俚俗谓之蚩尤血。"运城盐池故又名解池。《太平寰宇记》记载：安邑县南一十八里还有蚩尤城，旧址即今运城市东郭乡从善村。

女娲补天

女娲是我国古代神话传说中的人类始祖之一。《风俗通》云："女娲，

女娲补天

伏羲之妹。"也有人认为"女娲本是伏羲妇"（卢全《与马异结交诗》）。古书写她是人头蛇身，一天能变化 70 次。

相传天地开辟以后，大地上有了山川草木和鸟兽鱼虫，世间还很荒凉寂寞，女娲于是抟黄土做人，创造了她的儿女。因捏泥人太累了，女娲就拿绳子蘸泥浆向地面挥去，泥点溅落的地方都跳起了许许多多的人。不久，大地上就布满了人类的踪迹。

后来她为了使儿女们能够生存下去，把男人和女人配合起来，让他们自己去创造后代。这样女娲就成为古代传说中创造人类、建立婚姻制度的女神了。

有一年，水神共工和火神祝融打起仗来，共工兵败后怒触不周山，引起了一场可怕的灾祸。原来，不周山是一根撑天的柱子，柱子被碰断了，半边天空坍塌下来，地也陷落一片，山林起火，洪水滔天，人类在这种环境里很难生存下去。女娲看到自己的儿女们遭此惨祸，痛心至极，只得辛辛苦苦地去修补这残破的天地。她拣选了许多五色石子，把石子炼成液体来填补天上的窟窿，用芦灰挡住了洪水。这场灾祸才算被女娲平息下来，人类终于得到拯救。这就是"女娲补天"的神话故事。

今平定县东南五十里有东浮山，"山出浮石，赤色，入水不沉，相传为女娲炼石云"（《平定州志》）。山顶上还有一座娲皇庙，庙内存"人伦之祖"、"炼石补天"、"以成始作"等题额，其中《浮山遗灶记》碑刻，是研究当地开采煤炭资源的重要资料，至今这一带还有正月生棒槌火的习惯，据说是纪念女娲炼石补天的遗俗。

今山西省西南隅黄河岸边的风陵渡，传说就是因有女娲的陵墓而得名。女娲为风姓，故称风陵。《永济县志》："女娲陵，在城西南六十里，黄河洲渚上，今风陵渡其遗处也。"《水经注》云："潼关直北，隔河有层阜巍然独秀，孤峙河阳，世谓之风陵。"《元丰九域志》："女娲墓，在今潼关口河滩上，屹然介河，有木数株，虽暴涨不漂没。"

这位女神的陵墓也颇有些神奇的色彩，据《蒲州府志》记载，唐天宝十三载（754年），"天雨冥晦，失陵所在"。到乾元二年（759年），某夕风雷大作，"明旦视之，坟复涌出，夹以两柳"，陕州刺史当即将此事奏明唐肃宗，肃宗遂下令祭祀。宋乾德四年（966年）赵匡胤又下令置守陵户，到熙宁年间这座陵墓再次消失，可能是被黄河冲毁了。

当然这些地名的来历只是传说而已，但古代人民深信这位人类母亲拯救过他们，对她"上际九天，下契黄垆"的伟大功绩感念不已，因之用这些地名来寄托他们对人伦之祖的爱戴之情。

禹凿龙门

相传在帝尧时代，黄河流域受到洪水的严重破坏。"洪水滔滔，天下沉渍，九州淤塞，四渎壅闭。"尧派鲧去治水，可是他用堵塞的办法，不但治理不了洪水，反而愈堵水愈高，结果失败，他也被尧处死在羽山。

舜即位时，又派鲧儿子禹去治理洪水。禹认真总结父亲失败的教训，

大禹治水

将堵塞之法改为疏导，废寝忘食地治理洪水，竟三过家门而不入。那时龙门山与吕梁山连在一起，挡住黄河的去路，河水回流造成灾害。禹就用神力把龙门山一劈为二，让河水从中间奔流而下。据说，每年三月江海之鱼齐集于这里，能跳上去的即可化为龙，故禹所辟之门又称"龙门"。《禹贡》中说："导河积石，至于龙门。"即此。

龙门下游的三门峡，相传也是禹开凿的。禹把一座挡住河道的山劈成几段，好像三道门，故名三门峡。三门各有名字，即所谓"鬼门"、"神门"、"人门"。旧时艄公们过三门都要给禹王庙烧香许愿。现今在三门峡还有禹治水的遗迹：附近的七口石井，相传是禹凿三门时挖的水井，所以三门峡又名"七井三门"。鬼门岛的崖头上有两个圆坑，形像马蹄，但比井口还大，人称"马蹄窝"，据传是跃马过三门时踩下的足迹。

吕洞宾

吕洞宾是我国民间俗传的八仙之一。据《列仙全传》载："吕岩，字洞宾。两举进士不第，年六十四。游长安酒肆，见云房先生，求度世术。云房十试洞宾，皆心无所动。乃携洞宾至（终南）鹤岭，传以上清秘决。洞宾既得道，始游江、淮，试灵剑，除蛟害，隐显变化四百余年，人莫识之。"相传吕洞宾有诗云："朝游蓬岛暮苍梧，袖裹青蛇胆气粗。三醉岳阳人不识，

朗吟飞过洞庭湖。"

有关吕洞宾的神话传说兴起于北宋，后来以他为题材的故事、小说、戏曲渐多。元马致远有《吕洞宾三醉岳阳楼》杂剧，明代有《吕洞宾三度城南柳》《吕洞宾花月神仙会》《吕洞宾桃柳升仙梦》《吕纯阳点化度黄龙》等。道教将他尊为吕祖。元代他还被封为"纯阳演政警化孚佑帝君"。著名的道教宫观永乐宫，就是在这种背景下创建的。

杨贵妃

杨贵妃，名玉环，号太真，唐代蒲州永乐人，父亲杨玄琰早丧，养于叔父杨玄璬家。她自幼善歌舞，晓音律，初为寿王李瑁妃，玄宗李隆基召入禁中而幸之，天宝四载（745年），封为贵妃，其叔父及宗兄皆封爵，有姊妹三人被封为韩国夫人、虢国夫人、秦国夫人，其堂兄杨国忠更专擅朝政，淫纵不法，杨氏一时显赫而势倾天下。

吕洞宾的传说

杨贵妃像

天宝十四载（755年）十一月，安禄山以"入朝讨杨国忠"为名，发动叛乱。次年六月，乱军逼近西京长安，玄宗仓皇率众出逃。当西出都门行至马嵬驿时，禁军大将陈玄礼以杨家兄妹乱国，诛杀杨国忠及虢国夫人。军士仍不发，玄宗不得已，乃与杨贵妃诀别，贵妃遂被缢死于路祠，时年38岁。

千百年来杨贵妃的故事一直成为文学作品的题材，其中白居易的长篇叙事诗《长恨歌》影响甚大，他以优美的语言歌颂了杨贵妃和唐明皇真挚的爱情，后世戏曲《梧桐雨》《长生殿》皆取材于此。这里表现的是杨玉环"春寒赐浴华清池，温泉水滑洗凝脂，侍儿扶起娇无力，始是新承恩泽时"的情景。

第三层　亘古文明

为了展示悠久的华夏文明和盛唐时期冶铁技术的发展进步，第三层以写实的置景和人物活动，表现了古河东地区制盐、冶铁、养蚕、酿酒等工艺流程。两侧配以民间社火、皮影以及剪纸、年画等内容的版画，反映了古河东人民的勤劳智慧和丰富的民间工艺活动。

冶铁

铁的冶炼和铸造技术在我国古代即已发展，我国是世界上最早冶铁的国家，而永济则是我国历史上冶铁铸造最早最发达的地区之一。据史书上记载，唐开元年间，全国年产铁达200余万斤，锡5万余斤，而铸造铁牛、

铁人、锁链就用去铁、锡约 72 万余斤，占当年锡铁产量的 28.5%，真乃是举世无双！春秋中期，我国开始用矿石冶铁。春秋晚期，已从块炼铁发展到铸铁和钢。唐时，有记载的"坑冶"（采矿和冶炼地方）168 多处。在西方，如地中海周围一些地区，公元 14 世纪才开始应用铸铁。这比我国始用铸铁晚了 1900 余年，比唐开元十二年（724 年）应用铸铁造牛、人和铁索，还晚了 676 年。美国人在公元 1926 年才试制出黑心可锻铸铁，这比我国开始广泛应用黑、白两种可锻铸铁晚了 2000 余年。法国人和美国人比唐开元十二年应用两种可锻铸铁，分别晚了 689 年、1102 年。这是我古代冶铁工匠的勋业，是世界冶铁史上的奇迹。

鹳雀楼内部陈设之"冶铁"场景

制盐

运城盐地，是我国现存的最古老的盐地之一，开发甚早。相传尧舜时人们已食用天然结晶盐，春秋战国时已被人工开采利用，隋唐以

鹳雀楼内部陈设之"晒盐"场景

来采技成熟，产量倍增，外销"西出秦陇，南过樊邓，北极燕代，东逾周宋"，供华夏二十余州，成为国家税收的重要来源。所配之图乃是表现山西运城古代盐工引盐水入池，利用日光晒干作用，使液体蒸发浓缩成食盐的生产工艺流程。

蒲坂桑落美酒

在我国古代璀璨的文化中，酒与诗是紧密相连的。唐代著名大诗人李白更有斗酒讲诗百篇的美谈。桑落酒初酿于北魏末年，距今已有1500多年。它以独特精湛的酿造技术，开创了我国名酒之先河。据说皇宫里的达官贵人都把桑落酒作为礼品相互馈赠，但因京城距离蒲坂遥远，交通不便，一

鹳雀楼内部陈设之"酿酒"场景

旦得到，犹如鹤飞越千里带来桑落酒味，因而便给此酒起了个雅号，名曰"鹤觞"。因为桑落酒要在每年的六月六日桑葚熟落之后制曲，九月九日用曲和水酿酒。酿成后封存，经过叶落枝枯之秋冬，到来年桑葚成熟时再开封，故此有"悬食同枯枝之年，挪干桑落之辰"的说法。

北周文学家庾信在他的《就蒲坂使君乞酒》一诗中就这样写道："蒲城桑落酒，灞岸菊花香。"《洛阳伽蓝记》中盛赞此酒是"饮香美，醉而经月不醒"。此酒在当时还有这样一个动人的故事：相传在西晋永熙年间，

青州刺史毛鸿滨带领几十个仆差，从蒲州押送很多桑落酒回程。有一天，酒车行至一座大山之间，突然从半山腰里窜出一伙劫路盗贼，这伙盗贼把毛刺史等人的行李银两全部抢劫一空，之后，又看见车上装着一坛又一坛桑落酒，盗贼们不由自主地开坛畅饮，不多时一个个都酩酊大醉睡之不起，全被官兵生擒活捉。故而把这件事叫做"擒奸酒"。所以，在当时民间流传这样的说法："不畏张弓挟刀，唯畏白堕春醪？"可见桑落酒的甘醇有力。

自北魏起，隋、唐、五代、宋、元、明等各个朝代都很重视蒲坂桑落酒的酿造。隋朝在蒲坂设有酒官，唐在这里设有"芳酿监"专司烧制。《蒲州府志》、《永济县志》均有这样记载："唐河东县有芳酿监。"此时桑落酒已成为"珍品"，"远相尝馈，逾于千里"，享有极高的声誉。唐代著名诗人白居易有诗称赞："桑落气熏珠翠暖，柏枝声引莞弦高。"时间推移到宋、明时期，桑落酒更是名扬神州。据宋朱弁所著的《曲洧旧闻》中记载：宋太祖赵匡胤未当皇帝前，下河东时曾饮过此酒，饮罢甚喜，数日余香在口，回味无穷。登基之后，赵匡胤便下旨让蒲州知府按期向皇宫进贡桑落酒，从此，这酒就成了宋朝宫中御酒。

明代诗人王世贞在他编著的《酒史续编》中写道："桑落酒……名最古，色白，鲜旨殊甚，味宛转舌端不穷。以甘，均不可多饮。"他还写诗赞曰："银瓶初泻玉生香，风味由来擅索郎。若比美人何所以，太真柔赋出兰汤。"诗中提到的"索郎"即是桑落酒一打开酒瓶，色如玉、扑鼻香，使人们喝了以后涤心荡肺，真有杨贵妃出浴后舒服欲仙之神态。

就是这种曾在历史上风靡一时的名酒，到清初却在人间销声匿迹了。名酒失传的原因众说纷纭，但归纳起来，主要有两种：一种是说由于桑落泉干涸，导致造酒停业、失传；一种是说因为清朝统治阶级横征暴敛，残酷剥削，加上蒲州盛产柿子，农民多烧柿子酒，酒多税重，当地百姓多次奏请赦免，统治者不仅不免反而加重。农民们忍无可忍，走投无路的情况下，揭竿而起，同清朝官府对抗，这就是清时期在蒲州一带发生的"抗酒税"事件，农民起义虽然被官府残酷地镇压下去了，但这里的酿酒业也随之停业，失传了。

新中国成立后，随着经济的发展，各业的复兴，酿酒也在这里开始，永济市委、市政府确定专人，组织力量，满怀着踏破铁鞋寻秘方，酿造"桑落"醉今人的雄心壮志，翻阅了大量的历史文献，先后在后魏高阳太守贾思勰所著的《齐民要术》和元代宋伯仁所著的《酒小史》中，查到了酿造"桑落酒"的秘方。试制出甘醇芳香的新酒。失传三百多年的历史名酒——桑落酒重获新生。

皮影戏

用牛皮或驴皮制成侧面的古装人物，在半透明的幕后表演戏曲故事，演员边操纵边配说唱。因皮影继承了汉代画像石和剪纸的表现手法，线条简练，造型优美，色彩鲜明，对比强烈，形象生动传神，故称皮影。在山西，

社火

鹳雀楼内部陈设之"养蚕"场景

特别是晋南一带，它也是群众最喜爱、最欣赏的地方剧种之一。

民间社火

社火，是民间节庆和迎神赛会中的大型广场艺术活动，来源于对土地（社神）和火（火祖）的原始崇拜。它历史悠久，形式丰富多彩，场面极为热闹。山西晋南一带的民间社火形式不下 200 余种，或打威风锣鼓，或扎彩绸扭秧歌，或跑竹马跑旱船，或舞狮、舞龙灯，或踩高跷、背蕊子，还有抬阁等，集民间游艺活动之大成，最为群众所喜爱。

嫘祖养蚕

嫘祖是轩辕黄帝的妻子，《史记·五帝本纪》记载："黄帝……娶于西陵之女，是为嫘祖。嫘祖为黄帝正妃。"西陵是当时的古国名，可惜古文献中未能注明它准确的地望。

嫘祖是我国上古传说中发明养蚕的人，劳动人民把她奉为蚕神。早在甲骨文中就有祭蚕神的记载，但商、周两朝并未明定蚕神是何人。到了汉代才说"今蚕神曰菀窳妇人、寓氏公主，凡二神"（《后汉书·礼仪志》），

鹳雀楼内部陈设之"纺织"场景

仍不知这二神为何许人。北周时才以太牢祭先蚕西陵氏，谓其教民育蚕，奉为先蚕。刘恕的《通鉴外纪》说："西陵氏之女嫘祖，为黄帝元妃，始教民育蚕，治丝茧以供衣服，后世礼为先蚕。"

今夏县尉郭乡的西阴村相传为嫘祖的故乡。村地原建有"先蚕娘娘庙"，庙内有嫘祖的塑像，后毁于战乱。"西阴"是否就是"西陵"的音讹？村西边台地上是闻名中外的"西阴新石器时代文化遗址"，1926年10月18日清华大学学者曾在这里进行过考古发掘，发掘出各种陶片、石器、骨器60余箱，特别是在遗址中发现了半个蚕茧，证明了远在6000年前这一带就出现了植桑、养蚕业，也说明这里传说为嫘祖的故乡是自有其悠久历史根源的。

剪纸、年画

剪纸和年画是两种颇具特色的民间艺术，山西晋南的剪纸多出自妇女之手，她们既是劳动好手，又是剪纸巧匠。剪出的作品，有吉庆图案、花鸟人物等，无不栩栩如生，在全国各剪纸流派中独具一格。山西年画也具有很高的艺术价值，既质朴又艳丽，内容多为吉庆题材及戏曲故事，这里展示的是多方搜集而得的三幅山西晋南一带传统绝版年画。

第四层　黄土风韵

黄土风韵是黄河风情的进一步升华。鹳雀楼是黄河的标志和象征，它凝聚着北方劳动人民的智慧。按照文化陈设规划，第四层将要展示的是北

剪纸

鹳雀楼模型

方人民生产、生活的场景。游人通过游览观赏，可以参与听音、模仿这些生产生活方式，感受和体验我国北方黄土高原劳动人民的美好生活。通过晋商文化的展示，可以了解三晋在中国历史长河里的闪光点，"中国的华尔街"就根植于三晋大地。

第五层 旷世盛举

当年，宇文护始建鹳雀楼，应该是一座成楼。原楼高约十丈，大约是30米左右，在古代是一座宏伟的建筑。

鹳雀楼在元初毁于战火以后，再没有找到重建过的相关资料。盛世来临，百废俱兴。这次重建，是鹳雀楼废毁700余年后的首次重建，而且，得到了党和国家领导人和社会各界的大力支持。该工程2003年已被中国建筑业协会评为"鲁班奖"。这一层以图片形式展示了这一旷世盛举的重建过程，表现了黄河儿女共襄盛举、盛世楼兴的历史画卷。

第六层 极目千里

第六层是鹳雀楼的顶层，亦是人们实地感受王之涣诗中登高望远的最佳场所。当年，诗人王之涣在这里悟出了平易而深刻的哲理，催人抛弃故步自封的浅见陋识，登高放眼拓出美好未来。如今，人们在这里流连忘返，四围景色引人入胜。黄河北来，太华南倚，大有"一览兼收三省景，再登可赏四时春"之感，而更上层楼、积极向上的励进精神在这里得到洗礼和升华。

第四篇　名楼轶事　艺文选粹

一、宇文护筑楼戍边

鹳雀楼由宇文护建造。西魏大统年间（535～551年），鲜卑族大臣宇文泰收编关陇豪族武器，共编为二十四军。由八柱国分领。下设十二大将军，二十四开府，创立了兵府制，军士由各级将领统率，另立户籍，与民户有别，不属州管辖。此时的宇文护在朝中任大将军（职掌统兵征战）兼司空（掌管工程）。

宇文氏为炎帝神农后代。宇文氏原叫"葛乌兔"，该族之人英雄辈出，谋略过人，鲜卑慕名，把"葛乌兔"奉为主，统领十二部落，世代为大人。后来，族中有个叫普回的人，在狩猎时拾到一方玉玺，上面刻有："皇帝玺"三个字，普回十分诧异，以为是上天授予他。因为人们习惯上把天称作"宇"，把帝君称作"文"，所以，普回称其国为"宇文国"，并以宇文为氏。北周大冢宰宇文护即为普回后裔。

宇文护（513～572年），姓宇文，名护，字萨保。代郡武川人（今属内蒙古），鲜卑族。自幼居晋阳（今太原），西魏时封中山公，北周封晋公。

宇文护是北周叱咤一时的风云人物，权贵朝野，善兴土木。鹳雀楼正是他留给后世的一个建筑杰作。

宇文泰虽为大丞相，却以军拥帝，掌管军国之政。彼时宇文泰沿用古制，诸位王爵，都称为公，宇文护被封为中山公。宇文泰自己为太师大冢宰，宇文泰能驾驭英雄，明达政事，使各位贤达良才咸得其用。统领西魏达二十二年，因其子都还幼小，不通征用，便用其兄的儿子章武公宇文导、中山公宇文护帮其镇守天下。后宇文导病逝。公元 556 年，宇文泰病重，召侄儿中山公宇文护到堂前，将天下交给宇文护镇守，立次子宇文觉为周

宇文护像

公，来承父嗣，叮嘱宇文护努力完成治国大业。宇文护名位素来卑微，怕诸公各图执政不肯服从，便让大司寇于谨先说服诸公臣服，使宇文护能纲纪内外，抚循文武。当时，宇文觉才十五岁，宇文护觉得其幼弱，想尽快将其扶为正位，安定天下人心，便以西魏恭帝的名义颁下诏书称：恭帝要禅位于周，让宇文觉继承王位。557 年，立北周，都长安。早在550 年，高欢次子齐王高泽篡了东魏孝静帝之位，建立北齐，定都安阳。至此，北齐、北周又形成对峙之势。北周帝先后以宇文护为大司马，封为晋公，又为大冢宰、太师等，掌管北周朝政。宇文护为保北周天下，

常常以兵攻齐。公元 559 年，宇文护还政于周王，只管军旅之事。561 年周武帝宇文邕继位，仍以大冢宰宇文护都督中外诸军之事。

572 年 3 月，北周武帝十二年，武帝宇文邕深感朝中大权尽归宇文护的危机，加之宇文护诸子及僚属贪残恣横，武帝便与母弟卫公直、宫伯宇文神举、下大夫王轨、右侍宇文孝伯等密谋除掉宇文护。其后，武帝假意请宇文护劝谏年事已高的太后戒酒，将宇文护骗到含仁殿，请宇文护读《酒诰》以谏太后。斯时，武帝宇文邕趁其不备，先用玉铤从后面将宇文护击倒在地，躲在门后的卫公直随后适时跃出，将宇文护斩杀。其后，北周大将杨坚篡位，建立隋朝，将宇文氏族彻底灭杀。

宇文护任北周大总管时代，善兴土木，为安邦立国，克齐兴周，北周与齐连年征战。河南以洛阳西为界，河北以平阳西南为界，形成拉锯之势，各自互相袭扰，蒲州成为北周河外必须固守的军事重镇。北周要依靠蒲州，东取平阳，蒲州是屯兵伐齐的前哨阵地。

宇文护统兵镇守蒲州时，在城西南黄河中高丘之上，有许多高大榆树。有一日，他又去营地逡巡，当天，阳光普照，蒲草葳蕤，放眼远眺，但现华山如屏，黄河如带。再看近处，成群的鹳鸟与喜鹊栖憩在壮硕的树丫上，树冠如盖，不动不摇，兀自独然承载着群鸟的依恋与萦绕，树鸟相处，一动一静，煞有风味。宇文护极喜鹳鸟，这种属鸟纲的大型涉禽，形似鹤，也似鹭。嘴长而直，翼长大而层圆短。飞翔轻快，常活动于溪流近旁，夜喜宿高树，主食鱼、蛙、蛇、甲壳类。黑鹳体长约一米，上体从头至屋，两翼及胸部均为黑色，泛紫绿光泽，下体及余部分纯白。白鹳头、颈、嘴和背部，均为白色，多在我国北方繁殖，南方越冬。而喜鹊又是北方人极喜的一种象征吉祥如意的贵鸟。永济当地人习惯称：

凡喜鹊落在谁家的树上"叽叽"地叫几声，这家今天准有喜事或贵客到来。喜鹊与鹳雀的习性几乎一样，都喜欢将巢筑于高树、栖于高楼之上。北周至唐宋时期，蒲州城西常有沼泽、溪流以及高树，正适宜鸟类嬉戏、栖居、繁殖。面对自然的和谐与人类的争斗，宇文护感慨颇多，触景生情，加之他极喜大兴土木，故在蒲草丛生的黄河滩地建一军事用楼。楼成后，因其气势宏伟，高大壮阔，鹳雀常栖其上故名"鹳雀楼"。元代杨莹诗："秦川八百微茫外，落照悠悠上戍楼。"诗中明说鹳雀楼原为镇守蒲州的军事用楼。

北周武帝宇文邕是一个比较节俭的君主，常服布袍，寝布被，后宫不过十余人，对宇文护常常大兴土木颇为反感，为了能制胜北齐，他除掉宇文护在朝中的势力以后，"乃毁其宫室之壮丽者"。庆幸的是鹳雀楼不在京师，又为军事所用，方幸存于世。

元初，成吉思汗蒙古部族的崛起，对金形成极大威胁。当成吉思汗的金戈铁马进攻中原时，金主完颜氏不得不与之在中原华北一带展开了激烈的争夺战。期间有两次战争可能导致鹳雀楼被毁，其中最有可能的就是金元争夺蒲州的那场战争。

金朝的贞祐初年，金宣宗深受蒙古军队威胁，决定迁都到易守难攻的河中府蒲州。但由于动作缓慢，在决定迁都后不久，蒙古军就已攻占平阳、绛州等地，蒲州成为一座孤城。金宣宗决定弃城。蒲州守将阿禄带于是放火烧毁蒲州。据《蒲州府志》记载：金元光元年（1222年），金与元兵展开城池争夺战，金将侯小叔"夜半攻城以登，焚楼、橹，火照城中"。又据金史《忠义传》记载：侯小叔为蒲州当地人，曾将家财分给兵士，是位义将，不可能烧毁离城较远、对攻城无益的家乡名楼。往昔无矣！

不论哪场战争，千古名楼毁于金元交兵的战火是实，诚为中华民族一大憾事。由于整个元代政治不稳定，民族矛盾加深，加之蒲州远离元大都（北京），财力匮乏，鹳雀楼只能成为历史中的一段辉煌，荣耀在唐朝的烟雨里……

明朝隆庆时，黄河大决口，河水倒灌蒲州城，被战火焚烧后的鹳雀楼遗址也被黄河涌出的泥沙埋没。后来黄河经常泛滥，这千古名楼便一层一层地、更深地、永远地埋于地下。为存其迹，后人以西城楼寄名鹳雀楼，此城楼在抗战期间遭受破坏，仅城墙门洞至今犹存。

历经隋、唐、五代、宋、金700余年，无限辉煌的鹳雀楼先毁于兵燹，后没于洪水。今人王西兰在写鹳雀楼的湮灭时，这样写道："蒲州人对湮灭了的鹳雀楼，是十分怀念的。鹳雀楼是蒲州的文化象征，没有了鹳雀楼，就没有了蒲州的文化之魂。为了一种心理的补偿和安慰，蒲州人把蒲州城西城楼寄名曰'鹳雀楼'，表达一点对往日盛况的追忆。物质的楼已不存在，文化的楼留存永远，永远保留在蒲州人的心里。文化的蒲州不管做什么，都有着浓郁的文化意味。但是，鹳雀楼毕竟是消失了。这一下，就消失了800多年。以后朝朝代代，像王恽那样从小向往鹳雀楼者多了，可连王恽登鹳雀楼故址废墟那样的机会也不会再有了。昔日巍峨壮观的天下名楼，成了一个历史名称，一个文化符号。"

二、两代领袖的鹳雀楼情结

毛泽东不但是伟大的革命家，也是伟大的诗人和书法家。毛泽东诗词抒写时代风云，寄托豪情壮志，意境博大豪迈，在现代诗歌史上占有极重的位置。毛泽东的书法艺术也笔走龙蛇，恣肆雄浑，赋予了中国书法以全

新的艺术风貌。将中国书法的艺术价值和社会价值推向了一个前所未有的高度。

毛泽东青年时期即研习王羲之、欧阳询、颜真卿等人的法帖并对古代碑石、佛家写经和民间写法留意考察，打下了严谨而深厚的书法功底。大约是20世纪50年代以后，毛泽东开始大量书写古典诗词，这种创作活动一直延至他的晚年。可以说，毛泽东手书自作诗词和古典诗词是一种纯艺术性的创作。

毛泽东去世后，有关人员着手从其大量的手迹中精选有代表性的墨迹，汇编成《毛泽东手书古诗词》。在整理毛泽东遗稿时，工作人员先后分拣出六幅他于不同时间书写的《登鹳雀楼》一诗的手稿。这不仅对毛泽东，对其他书法家也是极少见的。对同一首诗的反复手书，多是钟情于诗词本身，也有对书法新境界孜孜不倦、不懈追求的可能。毛泽东曾手书过的古典诗词，均为古人传世之作，并且大多是背诵书写，其意是通过书写加深对古典诗词意境的理解，再激发自己的创作灵感。毛泽东共手书过王之涣两首诗，即《登鹳雀楼》和《凉州词·出塞》。六次手书《登鹳雀楼》一诗，这充分说明毛泽东对王之涣这首诗的挚爱与钟情。

对书法的认识，毛泽东认为"字宜振笔直书"。"振笔直书"一语道破了中国书法气韵与用笔的要旨。在书法风格形成的过程中，主席走的是"庇千山之材而为一台，汇百家之说而成一学"的先临帖描摹，后摆脱自创的道路。那时，他在延安曾说过："各个体都有缺点，我都不遵守，我都看不上，我写我的体。"纵观其遗稿，可以看出其书法从形式到风格的自我完善是在1938年之后。1938年至1949年这段时期，他的手书作品用笔骨力劲健，洒脱豪放，玉珠满篇，茂密有生气。从字形而言，始终贯穿一种字势倾斜、斜中求稳、劲健有力的特点。从字体而看，大小变化丰富，时而笔实墨沉，时而锋芒毕露，常常在笔画中着意夸张，无拘无束，整体布局自然舒朗，可看出其书法风格已趋成熟。1949 年以后，毛泽东的书法进入最辉煌、最具代表性阶段，艺术造诣也达到登峰造极的境界。这个时期他的书法从楷书、行书转入到狂草的艺术境界。他工作之余与休息之间广泛研究草书法帖，并书写了大量的古典诗词，这段时间，他的艺术已趋随意挥洒、灵动峻拔，笔力雄强，气象万千的超然境界。我们可以从这个时期他大量手书的自作词与古典诗词中领略其洒脱无羁的完美艺术境界。

《登鹳雀楼》正是毛泽东晚年时期的手书作品。欣赏毛泽东手书《登鹳雀楼》，可以看出其狂草书法书达诗意的无穷魅力。细研整幅作品，可以看出，他是在受到诗情感染后，陶醉于诗情画意之中而书的。笔走龙蛇，如行云流水，运笔果断，而又锐利干净。字体收放自如，起落有致，气韵生动，合拍和弦。整体排列工整，飘逸洒脱，把诗的气势意境表现得淋漓尽致。

探究毛泽东书法艺术之渊源，首先得益于他深厚的国学基础和仰之弥高的品德修养及令人惊叹的艺术天赋。"读万卷书，行万里路"的人生经历，构成了他伟大革命家的胸襟，这种精神气质是他书法艺术的神韵，比形式和技巧更具感染力。

与开国领袖相比，第三代领导人江泽民就显得平和、圆通了许多。

江泽民同志也极喜王之涣的五言绝句《登鹳雀楼》。不论是在接见英国首相撒切尔夫人，还是在大洋彼岸的美利坚演讲，他都曾借用过王之涣的《登鹳雀楼》与之共勉。可以说，和平时期领袖同志的为政为人之道更显柔和与理性。对于祖国先进文化，他会不失时机地加以运用。对承载古代文明的名胜古迹，他也会全面关怀，点滴照顾。对具有河山之胜的中华

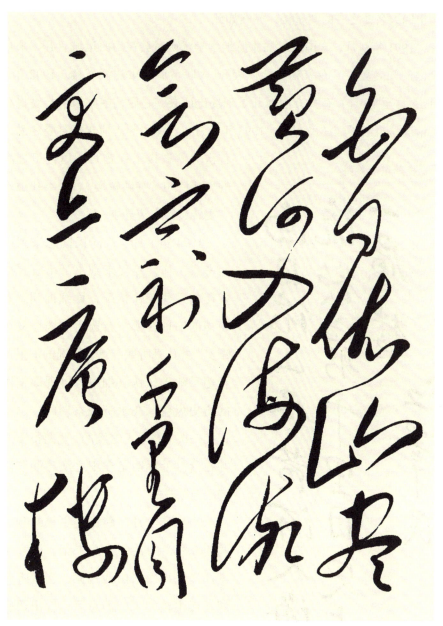

毛泽东手书《登鹳雀楼》诗

历史四大名楼之一的鹳雀楼，亦然如此。

1991年9月，全国第六届旅游地学学术研讨会在山西运城召开，来自全国的知名教授、专家和与会代表86人联名倡议重建鹳雀楼。1992年7月15日至16日，有关方面召开了现场论证会，之后，中共永济县委将有关情况呈报给了江泽民同志。1993年3月，江泽民同志应永济县委之邀，首次为鹳雀楼工程题写了唐代王之涣的著名诗句《登鹳雀楼》，并委托山西省委转交给永济县委。

1994年1月，江泽民同志来到山西考察工作，专程来到永济市察看鹳雀楼的重建工作情况，详细询问"鹳雀楼的旧址在哪？新选定的楼址又在哪？"并认真听取了重建情况的汇报，希望重建工作认真细致，再现鹳雀楼的历史风貌。在永济视察期间，总书记又一次书写了王之涣的《登鹳雀楼》，并在落款处标明是在王之涣吟诵该诗的故地题写的。

2001年7月，鹳雀楼主楼封顶。同年8月，中共中央总书记、国家主席江泽民再次来山西视察，当他听到鹳雀楼主楼完工的消息后，应山西省委、省政府之请，第三次欣然提笔，

江泽民手书《登鹳雀楼》诗

书写了一竖二横三幅鹳雀楼楼名匾额。

从三次手书字体来看，江泽民同志的书法体方笔圆、雄伟遒劲，饱满沉稳，淡定平和，别有一番拙朴意趣，大有颜体"不使巧，不求媚，不趋简便，不避重复，规绳矩削，而独守其拙，独为其难"之真风。可

江泽民同志为鹳雀楼题写的匾额

见江泽民同志严谨的做人风格与新时期国家领导人的理性与内敛。

十年间，江泽民同志三题鹳雀楼，也显示了新一代党和国家领导人对中华民族历史文化的重视，表现了江泽民同志利用民族精神与历史文化启发人民开拓进取的信心和决心，也体现了鹳雀楼在中华民族历史文化上的重要地位。

三、艺文选粹

河中鹳雀楼集序

唐 李翰

后周大冢宰宇文护军镇河外之地，筑为层楼。退标碧空，倒影洪流，二百余载独立乎中洲。以其佳气在下，代为胜概。四方隽秀有登临者，悠然远心，如思龙门，如望昆仑。

河南尹赵公受帝新命，宣风三晋，右贤好士，游人若归。小子承连帅之眷，列在下客。八月天高，获登兹楼，乃复俯视舜城，傍窥秦塞。紫气度关而西入，黄河触华而东汇。龙踞虎视，下临八州。前辈畅当题诗上层，名播前后。山川景象，备于一言。上客有前美原尉宇文邈、前栎阳郡郑鲲、文行光达，名重当时。吴兴姚係、长乐冯曾、清河崔邠，鸿笔佳什，声闻远方。将刷羽看天，追飞太清，相与言诗，以继畅生之作，命余纪事，书于前轩。

《梦溪笔谈》纪录的鹳雀楼原文

北宋 沈括

河中府鹳雀楼，三层，前瞻中条，下瞰大河。唐人留诗者甚多，唯李益、王之涣、畅诸三首能状其景。李益诗曰："鹳雀楼西百尺樯，汀洲云树共茫茫。汉家箫鼓空流水，魏国山河半夕阳。事去千年犹恨速，愁来一日即为长。风烟并起思乡望，远目非春亦自伤。"王之涣诗曰："白日依山尽，黄河入海流。欲穷千里目，更上一层楼。"畅诸诗曰："迥临飞鸟上，高出世尘间。天势围平野，河流入断山。"

登鹳雀楼记

元 王恽

予少从进士泌阳赵府君学。先生河中人，故儿时得闻此州楼观雄天下，而鹳雀尤为之甲。及读唐季虞部、畅当、王之涣等诗，其藻思鸿裁，令人飘飘然有整翮凌云之想，拟一登而未能也。

至元壬申春三月，由御史里行来官晋府，因窃喜幸曰："蒲为属郡，

且判府职。固厅幕而开，掌有颜务。国制判官典邮传季，得乘驿检劾稽缓，西南河关胜概，固形于梦寐中矣"。

其岁冬十月戊寅，奉堂移偕来仵，按事此州，遂获登故基。

徙倚盘桓、情逸云上。于是俯洪河，面太华、揖首阳。虽杰观委地，昔人已非，而河山之伟，风烟之胜，不殊于往古矣。于是咏采薇之歌，有怀舜德；起临河之叹，而思禹功；坐客顾笑，举酒相属。何其思之深而乐之多也！噫！昔韩吏部欲造登南昌阁者屡矣，至于刺潮，移袁滨潭，卒莫之遂。只获载名其上，列三王之次。今虽鳌适夙昔，尽登临之美，而不睹环伟 巤巤之观，乃知胜赏有数，乐事不可并也。

偕来者，古肥戴刚柔克、滏阳马昫德昌，营州张思诚，叔子翁孺侍行。

鹳雀楼赋 （代序）
中和悟欣

永济新市，蒲州古地，秦豫要隘，河东圣府。《开元铁牛》，墉砥蒲津渡，遂有"一桥锁三镇"，秦约晋盟之盛；《捕蛇者说》，呼出民之苦，乃百代之文宗，子厚力作。

城西河滨，北周置鹳雀楼，经唐历宋，饮誉四大名楼。王之涣"穷目千里"，迁客骚人趋之若鹜。俯仰话悲喜，驻马论废兴。或春咏烟柳，夏和芙蓉，秋吟落日，冬唱大风；或长吁失路，短叹不第，昼怜闲云，夜悲残月。

惜风逼雨摧，楼毁七世其名弥扬。岁月不居，史开新章；改革开放，民富小康。永济市委市府，筹巨资重修斯楼。虎岁奠基，马年功成，六载整饬，巍峨皇皇。尚有工程二期，大观洋洋：湖映苍山，鱼戏鸟喧，翼亭圭阙，绿波斑斓，廊桥斗折，唐风阆苑。

　　登楼远眺：东送中条，横吻太行；南迎华岳，凝翠叠嶂；北望龙门蛟跃，壶口吐金；面临黄河缦迴，滩涂无垠。俯瞰普救寺，曾渡西厢之恋；独头村邑人，长恨马嵬悲歌。舜都遗碣，扁鹊、夷齐墓冢，柳公、韩火广故里，五老峰、伍姓湖，古刹名塔，百里柿林……胜迹星耀，满目欣欣。更喜域内山环水绕，沃野平畴；群迈斧柯，盛世风流。

　　自然虽无言，恶对饮鸩，善待即福祉人类；遗迹本无求，毁之难复，善待则古为今用。"殷勤桑落酒"，瓣香永济人。喜迎登临者，尽赏古楼新姿，蒲州风情，大河雄魂。

重修鹳雀楼记

张德祥

　　唐人一首诗，仅二十字，把鹳雀楼写在了天下人的心中。后人无不读诗思楼。然，鹳雀楼安在哉？何处能踏上古人足迹，登楼临风，寻得那一份千古之苍茫豪情？

　　史书记载，鹳雀楼故址在河东蒲州城西河洲渚上，即今山西省永济市西黄河岸边。此楼始建于北周，依蒲津而临黄河，立中都而挽两京，南望中条华岳，北承龙门壶口，一楼立而天下远，黄河远上白云间。河东之地，乃黄河腹地也！厚土如德，泽润万物，稼穑早发，农桑代茂，拥盐湖之利，握雍豫之枢，尧舜禹故都之所，华夏文明发祥地之一也！夷齐饿而气节立，五老隐而河洛存，风气云凝，人文霞蔚，贤达代出，意气轩昂。鹳雀楼凌烟荡云，瞰黄河之水天上来，引天下豪杰竞驰怀。佳气在此，代为胜迹，唐宋诸公，盘桓题咏。鹳雀楼历世七百余年毁于战火，杰观委地，至今又七百余年去矣！多少人乘兴而来，佳篇难续。不知鹳雀飞何处，唯见大河

日夜流。

2002 年秋，鹳雀楼在永济市重修落成，补楼阁之阙以续人文之脉，成诗意之美再启后世风骚，楼与诗相匹，古与今重逢，终结了天下人有诗可读而无楼可登的悠悠之憾！

天下之楼，何以名焉？以诗文名也！凡有题咏其上的诗文能行于天下者，此楼必随之名播四海。崔颢一首《黄鹤楼》唱出了多少游子羁旅人生的茫茫心绪，日暮乡关何处是，烟波江上使人愁。王勃一篇《滕王阁序》更是高才兀立、怀才不遇者的寄兴长歌，落霞与孤鹜齐飞，秋水共长天一色。关山难越，谁悲失路之人？有谁不为如此的奇气绝才而倾倒？范仲淹的《岳阳楼记》，进亦忧，退亦忧，先天下之忧而忧的仁人之心，世代为人仰慕，谁能忘怀？王之涣的《登鹳雀楼》留给后世的是登高致远、更上层楼的进取之境，励心志，壮魂魄，谁人不为之感奋？毛泽东一生先后多次手书《登鹳雀楼》一诗，在他的书法中独一无二。如此的诗文绝唱，莫不是在具体楼阁上感兴而得，成了楼阁的精神魂脉，历岁月常新，行天下不朽。世世代代，多少楼台烟雨中？齐云落星，高则高矣，井干丽谯，华则华矣，虽集一时名伎歌舞之盛，终因乏精神之脉而消亡。如今屹立于华夏大地的四大名楼，无不因其精神之魂的高耸而被后人一次次重修长存。虽鹳雀楼阙如的时间最长，但终究是要回到人间的。楼以魂存。

1991 年，中国百余名学者联名倡议重建鹳雀楼。1997 年 12 月 30 日重建鹳雀楼工程开工。2001 年 8 月 21 日国家主席江泽民为鹳雀楼题写楼名匾额。2002 年 9 月 26 日鹳雀楼重修落成典礼。付缺七百余年的鹳雀楼又矗立于黄河岸畔。大河滔滔惊回首，且看后生再登楼！

咏楼古诗选

登鹳雀楼

唐　王之涣

白日依山尽，黄河入海流。

欲穷千里目，更上一层楼。

鹳雀楼

唐　李益

鹳雀楼西百尺墙，汀洲云树共茫茫。

汉家箫鼓空流水，魏国山河半夕阳。

事去千年犹恨速，愁来一日即为长。

风烟并起思乡望，远目非春亦自伤！

登鹳雀楼

唐　畅当

迥临飞鸟上，高出世尘间。

天势围平野，河流入断山。

登鹳雀楼

唐　耿湋

久客心常醉，高楼日渐底。

黄河行海内，华岳镇关西。

去远千帆小，来迟独鸟迷。

终年不得意，空觉负东溪。

奉和李观察河中白楼

唐 耿沣

城上高楼飞鸟齐，从公身遂蹑丹梯。

黄河曲尽流天外，白日轮倾落海西。

玉树九重常在梦，去衢一望杳如迷。

何心理和阳春奏，况复秋风闻战声。

奉和马侍中宴白楼

唐 卢纶

鹳鹤相呼绿野宽，鼎臣闲倚玉栏干。

洪河拥沫流仍急，苍岭和云色更寒。

艳艳风光呈瑞岁，冷冷歌颂振雕盘。

今朝醉舞共乡老，不觉倾敧獬豸冠。

鹳雀楼晴望

唐 马戴

尧女楼西望，人怀太古时。

海波通禹凿，山木闭虞祠。

鸟道残虹挂，龙潭返照移。

行云如可驭，万里赴心期。

河中鹳雀楼

唐 司马札

楼中见千里，楼影入通津。

烟树遥分陕，西河曲向秦。

兴亡留白日，今古共红尘。

鹳雀飞何处？城隅草自春。

鹳雀楼

唐 殷尧藩

危楼高架沐寥天，上相闲登立采斿。

树色到京三百里，河流归汉几千年。

晴峰耸目当周道，秋谷垂花满舜田。

云路何人见高志，最看西面赤栏前。

题河中鹳雀楼

唐 张乔

高楼怀古动悲歌，鹳雀今无野燕过。

树隔五陵秋色早，水连三晋夕阳多。

渔人遗火成寒烧，牧笛吹风起夜波。

十载重来值摇落，天涯归计欲如何？

登鹳雀楼

唐 吴融

鸟在林梢脚底看，夕阳无际戍烟残。

冻开河水奔浑急，雪洗条山错落寒。

始为一名抛故国，近因多难怕长安。

祖鞭掉折徒为尔，赢得云汉负钓竿。

开元乐（鹳雀楼）

宋 沈括

鹳雀楼头日暖，蓬莱殿里花香。

草绿烟迷步辇，天高日近龙床。

楼上正临宫外，人家不见仙家。

寒食轻烟薄雾，满城明月梨花。

按舞骊山影里，回銮渭水光中。

玉笛一声明月，翠花满陌东风。

殿后春旗簇仗，楼前御队穿花。

一片红云闹处，外人遥认官家。

一落索（鹳雀楼）

宋 晁端礼

正向溪堂欢笑。忽惊传新诏，马蹄准拟乐效行，又却近，长乐道。

鹳雀楼边初到。未花残莺老，崔徽歌舞有余风，应忘了，东平好。

鹳雀楼避暑

金 李道玄

鹳雀楼头不暑天，南来轻吹贯心田。

一廛尘土离身外，千里山河到眼前。

卧饮清风心醉到，坐望浊境性安禅。

中条山色半残照，红翠连线接暮烟。

登鹳雀观河

金 李道玄

地上长河天底山，天昊怒激浪回还。

争如楼上如名客，不起风波自在闲。

鹳雀楼

元 赵秉文

楼成鹳雀几时还，人去楼空境自闲。

地接连城秋风渡，河分两岸夕阳山。

汀烟冉冉分秦树，陇雁依依度晋关。

千古废兴还造物，暂携岁月出尘寰。

西城感秋

明 王珂

落日西城见雁来，山河齐撼万家哀。

淡烟白气莲花顶，夜雨秋风鹳雀台。

鹳雀楼

明 林元凤

独上高城更上楼，蒲东风物望中收。

三年客梦惊尘土，两字功名付钓钩。

把酒自怜秦岁月，逢人莫问晋春秋。

多情惟有楼头水，还学当时竹箭流。

登河中西城楼

明 张佳胤

不尽楼船泛大川，还从霄汉俯春烟。

河汾偶堕朱栏下，秦晋平分落日前。

西极野云封剑阁，中原佳气起幽燕。

残花未可伤迟暮，岳色长开玉井莲。

鹳雀楼

明 龙膺

独倚危楼四望频，虞原秋色倍嶙峋。

千山对峙条连华，一水中分晋与秦。

璧马曾闻沈瓠子，铁牛犹见锁蒲津。

扶舆佳气钟灵秀，定有文章百代人。

鹳雀楼

明 韩埴

有客微金独凭楼，细推今古事堪愁。

汉家箫鼓随流水，晋国衣冠成古丘。

山色遥连秦树晚，黄河西绕郡城流。

英雄已往时难问，长与蒲津作胜游。

鹳雀楼即事
明 张循占

落日朱栏带还林，朔风寒雁动愁吟。
唐虞世藐山空绿，晋魏城荒水半侵。
地迥那堪吹玉笛，台高谁复奏瑶琴。
凭虚岂少词流赋，极目遍伤逐客心。

鹳楼夕照
明 杨莹

闻说当年纪胜游，高城依旧枕长流。
秦川八百微茫水，落照悠悠上戍楼。

和杨莹鹳楼夕照
明 尚登岸

河山偏只爱人游，长挽羲轮泛夕流。
千里目穷诗句好，至今日影到西楼。

鹳雀楼晚眺
清 崔景僖

其一

鹳雀翩翩去不还，高楼千载镇蒲关。

云开华岳三峰秀，浪涌桃花九曲湾。

宝塔孤撑飞鸟外，铁牛斜卧夕阳间。

登临四望疑无地，一抹霞光散碧山。

其二

高楼吊古意如何，乘兴凭栏发啸歌。

断碣空留唐岁月，斜阳犹照魏山河。

五陵暮雨秦关近，一曲薰风舜殿多。

圣世即今清宴颂，万家烟火影婆娑。

鹳雀楼怀古

清 崔景僖

城上高楼望渺茫，蒲津烟树郁苍苍。

山连华岳三峰翠，河下龙门九折黄。

唐代诗篇留断碣，宇文台榭对斜阳。

古今多少登临感，鹳雀年年阅海桑。

鹳雀楼晚眺

清 崔景涑

其一

危楼百尺俯沙湾，一片孤城夕阳般。

远近岚光摇华岳，横斜河势走秦关。

铁牛偃卧空留迹，鹳雀高飞杳不还。

长笛一声人独倚，红霞影里日衔山。

其二

登临载酒意如何，吊古凭栏逸兴多。

苍藓半埋唐代碣，薰风犹谱舜时歌。

千家烟树馀斜日，万古沧桑感逝波。

我欲乘槎天上去，寻源正好泛长河。

鹳雀楼怀古

清 崔文镳

鹳雀空馀魏代楼，兴之阅历几春秋。

东来翠岭千峰峙，西去黄河几曲流。

短碣尚存元宋记，长堤犹是汉唐修。

遥看槛外斜阳里，细草青青卧铁牛。

鹳雀楼怀古

清 崔养峰

虞舜城西百尺楼，黄昏独上把清秋。

三峰华岳摩天峭，万里长河贴地流。

代远休忘王恽《记》，年深空忆宇文修。

旧时鹳雀今飞去，卧看斜阳古渡牛。

鹳雀楼怀古

清 樊万青

君不见，鹳雀楼高百尺起，缥缈直入烟云里。

大河潺沉阒前流，天外三峰遥相倚。

豪贵骄奢盛宴游，芳春歌舞楼上头。

阑干晚秋青山郭，罗绮晴妍绿上洲。

就中才子竞挥翰，藻思墨花纷烂漫。

后先蹑迹赋登临，俯仰楼头感慨深。

苍狗白衣倏变幻，可怜往事共销沉。

雕甍剥落随风雨，井干飘零委宿莽。

忆昔繁华须臾间，百年遗址问樵夫。

繁华遗址剩怆然，草绿霞苍夕照烟。

只今河上青峰影，依旧花开十丈莲。

河中感怀寄诸兄

清　王士祯

何处依依动客愁，蒲津云物迥高秋。

河声近挟中条雨，关势遥分太华旒。

人代茫茫双去鸟，夕阳渺渺独归舟。

京华故国俱千里，心折西风鹳雀楼。

佳联赏析

　　襟星月而披风雨，控秦晋而凌覆载，华夏立雄威，且矫矫西行，我欲登楼追落日；

　　借诗文以傲古今，铭盛衰以鉴春秋，山川生壮慨，问滔滔东去，谁曾

击柱俯黄河？

（作者：福建 曾清严）

【评析】

这是为鹳雀楼写的对联。

上联中，"襟星月"，意为鹳雀楼连接星月，喻指其高。"披风雨"，喻指历史久远。"秦晋"，交代了鹳雀楼的地理位置。"覆载"，指水，此处用来代指黄河。"矫矫"，勇武之意，《诗经》中有"矫矫虎臣"，郑玄笺曰："矫矫，武貌。"末两句意为，太阳不顾一切地向西而去，我要登上楼用目光去追寻，明显的是化用了王之涣"白日依山尽，黄河入海流，欲穷千里目，更上一层楼"诗的原意。句式用倒装法，"矫矫西行"的主语是"落日"。

下联，"借诗文以傲古今"，是对古往今来吟诵鹳雀楼诗篇文章的赞赏，表达了"楼以诗传"之含义。"铭盛衰以鉴春秋"，赋予鹳雀楼记载和见证历史的身份，表达楼的盛衰与国家盛衰的联系。末两句提出疑问："问滔滔东去，谁曾击柱俯黄河？"句式亦为倒装句，应理解为：问谁曾击柱俯滔滔东去的黄河？"击柱"这里是"拍击楼柱"的意思，与辛弃疾"栏杆拍遍"应作同解，为何"击柱"？理由却又需在前面的"山川生壮慨"句中去寻找。

鹳雀楼，是历史久远的名楼。作者从正面描写此楼，盖古涵今，以问句作结，给人以想象的空间。倒装句的用法成功，不落俗套，炼字讲究，"襟"、"披"、"控"、"凌"用法均好，可称佳作。

五峰列嶂，九曲抱关，想它鹳雀栖身，定是沉迷此景；
三省闻鸡，四围眺胜，问尔黄河转首，莫非留恋斯楼？

（作者：吉林 李俊和）

【评析】

本联描写鹳雀楼及其周边景物，使用粗线条勾勒，但抓住了特点。"五峰"，即五老峰。"九曲"，指黄河。"三省闻鸡"，即当地特殊的地理环境。"五峰列嶂"与"三省闻鸡"对仗工稳而又特点突出。"鹳雀栖身"，是鹳雀楼得名的由来，"因常有鹳雀栖息，故名"。黄河在此处转弯，本是地形造成的特殊景观，作者却偏要发出"莫非留恋斯楼"的推测，使黄河具有了人性化，流露出对鹳雀楼的赞美之情。黄河看了鹳雀楼的西面、南面，还不满足，竟掉头向北来看楼东，真算得上作者的奇思妙想了。

> 何必再题诗，有名句千秋，举酒自应多感慨；
> 已然皆放眼，看黄河万里，登楼犹可拓襟怀。

（作者：北京 金锐）

【评析】

本联亦为鹳雀楼应征联。

此联的重点未放在鹳雀楼本身，而是对王之涣《登鹳雀楼》一诗抒发感受。对于王诗，作者用"名句千秋"四字给予评价，认为在王之涣题过诗的鹳雀楼前，我们只应举酒感慨，一切题诗均为多余，与李白于黄鹤楼前所发出的"眼前有景道不得，崔颢题诗在上头"之感叹异曲同工。下联引申王诗"穷千里目"、"上一层楼"意境，以"拓襟怀"三字作结，表达了作者"已然皆放眼"的达观态度和旷放情怀。

> 大河奔海，斜日恋山，妙景宜从高处赏；

千古奇观，五言绝唱，名楼长借好诗传。

（作者：湖北 阚东明）

【评析】

鹳雀楼应征联。

上联前两句借用王之涣诗意而更换字眼，用"奔"字写大河气势，用"恋"字写落日情怀，均可传神。末句作总结，点出建楼的主旨。

下联先写楼，次写诗，末句点出两者相得益彰、珠联璧合的互动关系。

本联的写作特点是运用自对的修饰手法，层次分明，语言自然流畅。上下联末句"妙景宜从高处赏"、"名楼长借好诗传"堪称格言。

俯瞰黄河，脉流九曲，膏泽八荒，浪奔万里，涛叠百重，浩浩然，胸次顿开何倜傥；

仰瞻灵岫，峰险千寻，气雄五老，岚秀十洲，嶂奇三省，巍巍者，脊梁劲挺自峥嵘。

（作者：辽宁 张万增）

【评析】

鹳雀楼应征联。

本联写作角度是登楼人的眼界。上下联分写黄河和山峰。运用数字将其连贯起来，字数虽多，但作者注意了前后的呼应。"胸次顿开"，是"俯瞰黄河"后的感受；而"仰瞻灵岫"，又引发了作者"脊梁劲挺"的自豪感。全联较有气势，虽给人以罗列的感觉，但这恐怕也是难以避免的。

十万里楼台再穷远目，重看了依山白日，入海黄河，自成天地神游，胜迹无边开朗抱；

五千年风月一寄高怀，更惹来酒胆诗肠，文心画手，并作春秋畅想，豪情旷古起雄篇。

（作者：山东 李强）

【评析】

鹳雀楼应征联。

作者写鹳雀楼，但并不局限于一楼一景，而是借题发挥，联系"十万里楼台"、"五千年风月"，以作"天地神游"、"春秋畅想"，欲以"酒胆诗肠，文心画手"再"起雄篇"。本联气势磅礴，一气呵成，是借景生情、抒发怀抱的豪放派佳作。

鹳雀楼应征联之一

唐宋重文章，自司马光前，范水模山惟子厚；
河楼留胜迹，问王之涣后，登高临远更何人？

（作者：黑龙江 黄山）

【评析】

本联可作为鹳雀楼联，但以歌颂人物为主。

上联提到的是与永济有渊源的柳宗元与司马光。作者认为：唐宋以来，文章好的首推柳宗元，"范水模山"，原指刻意模仿，在此恐怕是另外的含义，是对柳宗元永州八记等描绘山水文章的推崇。直到司马光，方又树立了新的旗帜。

在下联中，作者更认为王之涣《登鹳雀楼》一诗堪称后无来者。这里当然有一个"登高临

远"的前提，登高临远的人固然不少，但写下不朽名诗，可与王之涣相提并论的又有谁呢

全联以描写永济人文历史为题，提出见地，抒发感慨。作者并不把自己的看法强加于人，而是通过问句启发人们的思索。

> 立中州而挽两京，握雍豫之枢，风气云凝拥雀阁；
> 依古渡以连三省，占河山之胜，人文霞蔚壮尧都。

（作者：福建 李忠云）

【评析】

本联对鹳雀楼及其所在地的历史、地理、人文作一概略描写。

上联，"中州"，旧指豫州，即河南一带，也指中原地区。"立"，此处同"莅"。"两京"，指汉、唐时代的洛阳和长安。"挽"，牵、挎。"雍豫"，古时二州名，旧蒲州位于其相交之处。"枢"，此处指门户。"雀阁"，指鹳雀楼。

下联，"古渡"，即津蒲渡。"三省"，指陕西、山西、河南。"胜"，名胜、胜迹。"尧都"，据史料记载，唐尧都平阳（今临汾市）、虞舜都蒲坂（今永济市）、夏禹都安邑（今运城市）。孔子定《书》断自唐虞，司马迁以尧之后的历史为信史，《史记》则称，华夏有记载的历史，自帝尧始。

本联对当地历史、地理作了精辟的概括，又做到对仗工稳，叙述精当，前后有序，实为不易。

> 正匝地云迷，一水黄分千里绿；
> 绕满天诗梦，层楼高拱万峰雄。

（作者：甘肃 陈乐道）

【评析】

鹳雀楼联。

作者用"匝地云迷"以衬托地势之高耸，巧思颇具。"一水黄分千里绿"，刻意求新。"黄"、"绿"与下联中的"高"、"雄"分别构成句中自对，以"黄"作副词来用，突出了色彩的修饰作用，反之，如用"一黄水分千里绿"，不仅声调不谐，结构也发生问题。下联中的"绕满天诗梦"亦可谓生花之笔，是对流传千古之诗的赞颂。末句"层楼高拱万峰雄"气势宏伟，与上联的细腻风格形成对照，且有比喻的含义。

> 凌空白日三千丈，
>
> 　拔地黄河第一楼。

（作者：山西 辰军宣）

【评析】

鹳雀楼联。

七言对联，往往需要高度的概括性，因而不容易写好。本联的下联概括还是成功的，给予鹳雀楼一个恰当的定位，并无夸饰的成分。上联则适当地起到了烘托气

鹳雀楼应征联之二

势的作用。

> 旧事已沉湮，惟存绝唱新声，伴九曲黄河，同驰万里；
>
> 名楼重耸峙，正好抒怀纵目，引五洲俊彦，更上一层。

（作者：湖南 熊伯光）

【评析】

鹳雀楼应征联。

上联感怀往事，楼毁诗存，像黄河一般流传万里。下联歌颂重修鹳雀楼的盛事，具有时代气息。

> 一楼隆地表，看水接云山，铁牛已自犁沧海；
>
> 千古擅名区，任风熏盐海，白日依然偎远山。

（作者：辽宁 孙超）

【评析】

鹳雀楼应征联。本联描写鹳雀楼及其周边景物。

上联以"铁牛""犁沧海"来形容"水接云山"之气势。铁牛是永济古黄河边的故迹，作者充分展现了自由想象的空间，将铁牛写"活"，使联语显得生动活泼。

下联"千古擅名区"是对这一地区历史地理位置的定义概括。"擅"，占据之意。"盐海"，指位于运城的盐湖旅游胜地，有"中国死海"的美誉。末句"白日依然偎远山"是写历经浪淘风熏、沧海桑田巨变后而风景依旧，是变中的不变。

鹳雀楼应征联之三

沈鹏先生手书的
"文萃李唐"牌匾

刘炳森先生手书的
"风联同华"牌匾

登楼弹月，兰雪堂除，西望长安千古地；

把酒吟风，杏花村渡，中流永济一方天。

（作者：河北 宋学义）

【评析】

鹳雀楼应征联。上联中"弹月"用法新奇。"兰雪堂"，本系苏州拙政园之著名景点，此处借用，以比喻鹳雀楼台。"杏花村"，位于山西吕梁地区，盛产汾酒，名闻中外。上下联首二句均为倒装句，意为：登兰雪堂般的台阶上楼而弄月，手持杏花村渡的酒以吟风。本联中"兰雪堂"、"杏花村"两处景点，"长安"、"永济"两处地名均对仗工稳。"中流永济"给予处于三省之交的本地区一个恰当的地理定位，尤为难得。

一览兼收三省景，

再登可赏四时春。

（作者：山西 侯关海）

【评析】

本联亦为鹳雀楼应征联。

七言联，因字数少而不能面面俱到地写景抒怀。本联用凝练的十四字写出了鹳雀楼的特色。两组对仗且数字运用妥帖，为全联增色不少。

（注：评析作者刘庆华，系中国艺术研究院副研究员，中国楹联学会副秘书长，本次征联评委）

附录：

二十四诗品
唐　司空图

1. 雄浑

大用外腓，真体内充。反虚入浑，积健为雄。具备万物，横绝太空。
荒荒油云，寥寥长风。超以象外，得其环中。持之匪强，来之无穷。

2. 冲淡

素处以默，妙机其微。饮之太和，独鹤与飞。犹之惠风，荏苒在衣。
阅音修篁，美曰载归。遇之匪深，即之愈希。脱有形似，握手已违。

3. 纤秾

采采流水，蓬蓬远春。窈窕深谷，时见美人。碧桃满树，风日水滨。
柳阴路曲，流莺比邻。乘之愈往，识之愈真。如将不尽，与古为新。

4. 沉着

绿林野屋，落日气清。脱巾独步，时闻鸟声。鸿雁不来，之子远行。
所思不远，若为平生。海风碧云，夜渚月明。如有佳语，大河前横。

5. 高古

畸人乘真，手把芙蓉。泛彼浩劫，窅然空踪。月出东斗，好风相从。
太华夜碧，人闻清钟。虚伫神素，脱然畦封。黄唐在独，落落玄宗。

6. 典雅

玉壶买春，赏雨茅屋。坐中佳士，左右修竹。白云初晴，幽鸟相逐。
眠琴绿阴，上有飞瀑。落花无言，人淡如菊。书之岁华，其曰可读。

7. 洗炼

如矿出金，如铅出银。超心炼冶，绝爱缁磷。空潭泻春，古镜照神。
体素储洁，乘月返真。载瞻星辰，载歌幽人。流水今日，明月前身。

8. 劲健

行神如空，行气如虹。巫峡千寻，走云连风。饮真茹强，蓄素守中。

喻彼行健，是谓存雄。天地与立，神化攸同。期之以实，御之以终。

9. 绮丽

神存富贵，始轻黄金。浓尽必枯，淡者屡深。雾馀水畔，红杏在林。

月明华屋，画桥碧阴。金尊酒满，伴客弹琴。取之自足，良殚美襟。

10. 自然

俯拾即是，不取诸邻。俱道适往，着手成春。如逢花开，如瞻岁新。

真与不夺，强得易贫。幽人空山，过雨采苹。薄言情悟，悠悠天钧。

11. 含蓄

不着一字，尽得风流。语不涉己，若不堪忧。是有真宰，与之沉浮。

如渌满酒，花时反秋。悠悠空尘，忽忽海沤。浅深聚散，万取一收。

12. 豪放

观花匪禁，吞吐大荒。由道反气，处得以狂。天风浪浪，海山苍苍。

真力弥满，万象在旁。前招三辰，后引凤凰。晓策六鳌，濯足扶桑。

13. 精神

欲返不尽，相期与来。明漪绝底，奇花初胎。青春鹦鹉，杨柳楼台。

碧山人来，清酒深杯。生气远出，不着死灰。妙造自然，伊谁与裁。

14. 缜密

是有真迹，如不可知。意象欲生，造化已奇。水流花开，清露未晞。

要路愈远，幽行为迟。语不欲犯，思不欲痴。犹春于绿，明月雪时。

15. 疏野

惟性所宅，真取不羁。控物自富，与率为期。筑室松下，脱帽看诗。

但知旦暮，不辨何时。倘然适意，岂必有为。若其天放，如是得之。

16. 清奇

娟娟群松，下有漪流。晴雪满竹，隔溪渔舟。可人如玉，步?寻幽。

载瞻载止，空碧悠悠，神出古异，淡不可收。如月之曙，如气之秋。

17. 委曲

登彼太行，翠绕羊肠。杳霭流玉，悠悠花香。力之于时，声之于羌。

似往已回，如幽匪藏。水理漩洑，鹏风翱翔。道不自器，与之圆方。

18. 实境

取语甚直，计思匪深。忽逢幽人，如见道心。清涧之曲，碧松之阴。

一客荷樵，一客听琴。情性所至，妙不自寻。遇之自天，泠然希音。

19. 悲慨

大风卷水，林木为摧。适苦欲死，招憩不来。百岁如流，富贵冷灰。

大道日丧，若为雄才。壮士拂剑，浩然弥哀。萧萧落叶，漏雨苍苔。

20. 形容

绝伫灵素，少回清真。如觅水影，如写阳春。风云变态，花草精神。

海之波澜，山之嶙峋。俱似大道，妙契同尘。离形得似，庶几斯人。

21. 超诣

匪神之灵，匪几之微。如将白云，清风与归。远引若至，临之已非。

少有道契，终与俗违。乱山乔木，碧苔芳晖。诵之思之，其声愈希。

22. 飘逸

落落欲往，矫矫不群。缑山之鹤，华顶之云。高人画中，令色氤氲。

御风蓬叶，泛彼无垠。如不可执，如将有闻。识者已领，期之愈分。

23. 旷达

生者百岁，相去几何。欢乐苦短，忧愁实多。何如尊酒，日往烟萝。

花覆茅檐，疏雨相过。倒酒既尽，杖藜行歌。孰不有古，南山峨峨。

24. 流动

若纳水輨，如转丸珠。夫岂可道，假体如愚。荒荒坤轴，悠悠天枢。

载要其端，载同其符。超超神明，返返冥无。来往千载，是之谓乎。

鹳雀楼·大事记

557～571 年	北周大冢宰宇文护军镇河外之地蒲州，始建鹳雀楼。
704 年前后	唐朝才子王之涣游蒲州，登上鹳雀楼，写下"白日依山尽，黄河入海流。欲穷千里目，更上一层楼"。的不朽诗篇。
唐天宝某年秋	唐翰林学士李翰陪同河南尹赵公一行游鹳雀楼，著有《河中鹳雀楼集序》。
1222 年	金元光元年，金兵与元兵争夺蒲州，"焚楼、橹，火照城中"。从此鹳雀楼毁于战火，仅存台基。
1272 年冬	元朝著名文学家王恽游蒲州，登鹳雀楼旧址故基，并写下《登鹳雀楼记》。
1991 年 9 月	全国第六届旅游地学学术研讨会在运城召开，与会的 86 名专家、学者联名倡议"重建四大名楼中仍然缺失的鹳雀楼"。
10 月	永济县人民政府向运城行署和山西省旅游局递交"关于修复鹳雀楼的请示报告"。11 月，省旅游局向省政府上报了"关于修复鹳雀楼的意见"。
12 月	永济县委、县政府致函中共中央总书记、国家主席江泽民，介绍鹳雀楼的情况，并送上《蒲州府志》一套，请赐墨宝。
1992 年 3 月	永济县政府组织专人考察江南三楼。
4 月	山西古建研究所所长柴泽俊一行五人来永济开始鹳雀楼复建工程方案初步设计工作。
7 月	永济县邀请国家建设部、文联、文物局、省计委、古建所、建设厅、黄管局的专家在永济召开了鹳雀楼复建方案论证会。会议由著名建筑学家郑孝燮、文物局专家组组长罗哲文主持。论证会肯定了计划方案，初步选定楼址。
9 月	山西省计委、旅游局将"关于申请复建全国四大名楼之一鹳雀楼项目建议书的报告"上报国家计委和旅游局。
1993 年 3 月 16 日	中共中央办公厅秘书局致函山西省委办公厅将江泽民总书记为中共永济县委、永济县人民政府题写的《登鹳雀楼》一诗原件速转永济县委。
6 月	运城行署"关于复建鹳雀楼的请示"由省长胡富国批阅："先立项，同意上报。"
8 月	国家旅游局副局长孙钢到永济考察鹳雀楼新址，并对"修复方案"提出整改意见。
1994 年 1 月 31 日	中共中央总书记、国家主席江泽民一行到永济视察工作，亲临黄河滩涂询问鹳雀楼的重建情况，并察看楼址。

7 月	常务副省长刘泽民与国家旅游局局长刘毅考察鹳雀楼项目,提出了国家、省、地方各拿 1/3 进行投资建设的意见。
1996 年 1 月	省计委下达"关于复建永济市鹳雀楼可行性研究报告的批复"。并对楼址选择、建筑设计、工程总概算及三方筹资额等作了具体规定。
5 月	"山西永济鹳雀楼复建工程指导委员会"成立。郑孝燮、罗哲文等 9 位专家任顾问,行署专员黄有泉任主任,委员若干人。并成立了"山西省永济市鹳雀楼筹建委员会",市委书记石丙录任主任,副主任由四大班子成员,地营以上企业领导担任,委员由市各职能部门和相关乡镇主要领导担任。 筹建委员会下设指挥部,潘和平(市长)任指挥,张克让(原人大主任)任常务副指挥,崔克信(市委副书记)、刘临生(副市长)、仝毅(旅游局局长)、王海雷(计委主任)、李满囤(普救寺文管所长)、李益民(市党校书记)任副指挥。随后补高思恭任指挥部副指挥。指挥部下设办公室,主任为刘临生(副市长),副主任为仝毅、王海雷、李满囤、尚克忍、薛会征。
6 月	永济市政府开始为鹳雀楼占用滩涂土地进行划拨兑换、附着物补偿等工作。
7 月	鹳雀楼复建指挥部委托山西省古建工程有限公司对复建设计初步方案修改完善,并按设计编制图纸、设计说明、工程做法、工程预算等。
7 月 14 日	根据永济市政府(1996)30 号文《关于鹳雀楼景区占用黄河滩涂土地的通知》,办理了国有土地使用证,总面积为 1475.3 亩。
8 月	永济市召开鹳雀楼复建方案修改审定会,从四种仿唐和三种仿明方案中,选定第三种仿唐方案。
1997 年 4 月	省计委以晋计设字(1997)191 号文,对永济市鹳雀楼工程初步设计作了批复。
5 月	永济市人民政府组建了"永济市鹳雀楼景区管理处",李满囤任主任(法人代表)。
7 月	山西冶金岩土工程勘察总公司忻州分公司完成了鹳雀楼地基勘察工作。
9 月	山西省地震安全性评价委员会通过了山西省地震工程研究所作出的鹳雀楼复建场地地震安全性评价报告。
12 月	省计委批准了鹳雀楼复建工程开工报告。
12 月 31 日	永济市在鹳雀楼复建工地举行"奠基开工仪式",副省长薛军、省旅游局局长王锚深等领导为工程开工奠基、剪彩。山西省机械化施工公司进入工地,鹳雀楼主楼地基处理工程正式开工。

1998 年 3 月	鹳雀楼复建工程列入运城地区重点建设项目。
9 月	山西省机械化施工公司完成了楼基强夯和210棵钢筋砼灌注桩施工任务。
11 月	"鹳雀楼主楼工程招投标"在普救寺进行，山西省第一建筑工程公司中标承建鹳雀楼主楼土建施工工程。
2000 年 3 月	补充杨宏业同志为鹳雀楼复建工程指挥部副指挥。
5 月	鹳雀楼复建工程列入省重点建设工程项目。
10 月 31 日	中国文物学会专家委员会委员、高级工程师马瑞田先生在对唐代彩画考察论证的基础上，承担鹳雀楼唐代彩画设计工作。
12 月	宁绪洲任鹳雀楼景区管理处主任。
12 月 31 日	鹳雀楼复建工程主楼结构封顶，永济市举行隆重仪式。
2001 年 1 月	《永济市鹳雀楼景区详细规划》在太原进行专家评审。
3 月	鹳雀楼景区列入山西省"十五"期间建设的"十大旅游景区之一"。
7 月	撤销"鹳雀楼复建工程指挥部"，成立鹳雀楼复建工程领导小组。组长：潘和平（市委书记），副组长：冯方汇（副书记、市长）、刘临生（副市长）。领导小组下设办公室，主任：刘临生（副市长），副主任：杨宏业（旅游局局长）、宁绪洲
8 月	中共中央总书记、国家主席江泽民在太原视察期间，应山西省委、省政府之请，为鹳雀楼题写了楼名匾额。
8 月 29 日	省委书记田成平来鹳雀楼工地现场办公。
9 月 14 日	省长刘振华来鹳雀楼工地现场办公。
2002 年 1 月	永济市旅游局局长杨宏业兼任鹳雀楼景区管理处主任。
3 月	"山西永济鹳雀楼旅游有限公司"成立，注册资本5303万元，产生了公司第一届董事会、监事会。董事长：杨宏业，副董事长：王巧萍、李轶民。董事会成员：许月法、张孟长、张永放。监事会主席：董春梅，成员：秦春生、许庆、何春。
4 月 11 日	全国人大常委会副委员长布赫来鹳雀楼视察。
4 月 29 日	全国政协副主席任建新来鹳雀楼视察。
5 月 23 日	全国人大常委会副委员长陈慕华来鹳雀楼视察。
7 月 3 日	全国政协副主席张思卿来鹳雀楼视察。
7 月 5 日	全国人大常委会副委员长王兆国来鹳雀楼视察。

7月	鹳雀楼内部陈设方案,由上海博物馆陈列部主任汤伟康主持编制和开展设计工作。
10月1日	鹳雀楼试营业,开始接待旅客。
2005年7月	全国政协副主席罗豪才来鹳雀楼视察。
9月	原中共中央政治局常委宋平来鹳雀楼视察。
9月	原全国人大常委会副委员长彭珮云来鹳雀楼视察。
9月	原全国人大常委会副委员长王汉斌来鹳雀楼视察。
2006年3月18日	中共中央政治局常委、国务院总理温家宝来鹳雀楼视察。
11月14日	原中共中央政治局常委、国务院副总理李岚清来鹳雀楼视察。
2007年4月29日	"山西永济鹳雀楼旅游集团公司"挂牌庆典仪式在鹳雀楼景区隆重举行。
2008年10月15~20日	中国文物学会历史文化名楼保护专业委员会年会暨第五届名楼论坛在山西永济鹳雀楼召开。
2009年4月18日	中央政治局委员、中宣部部长刘云山来景区视察。
6月20日	为了弘扬名楼文化、展示名楼风采,央视《探索发现》栏目组在鹳雀楼景区拍摄专题片《风烟并起鹳雀楼》上、下集。
8月14日	《鹳雀楼与金门》特种邮票首发式暨山西永济第三届黄河风情文化旅游节开幕式在景区广场举行,这套邮票由中国邮政与乌克兰邮政联合发行,也是山西省首套中外联合发行的邮票。
8月24日	为庆祝新中国60华诞,由山西省委宣传部主办的山西省"为祖国喝彩"大型演唱会在永济鹳雀楼景区举行。
9月27日	央视著名主持人敬一丹来景区参观。
10月4日	全国妇联副主席宋秀岩来景区参观。
10月9日	由尤小刚导演的《杨贵妃秘史》在鹳雀楼拍摄大型场景。
2010年4月3日	鹳雀楼首届书画名家高层论坛活动在鹳雀楼举行。
2011年4月3日	台湾亲民党主席宋楚瑜来景区参观并为景区题写了条幅:"登楼思贤往下扎根,华夏崛起更上层楼。"
5月21日	央视"欢乐中国行"栏目组来景区拍摄外景。

鹳雀楼之歌

作词：乔 羽
作曲：王立平

稍慢的中速

三十　年　河西　　三十年河东　　河西河东太阳不在

一家　门前　红　　三十年　河西　　三十年　河　东

河西　河东太阳　不在　　一家门前　红　　鹳雀楼　一层层

问君　身　在　　第几层　　千里目　万里情

人　生有尽　岁月无　穷　　落山的太阳　明天又将升　起

东去　的黄　河　　今朝依旧　向　东